Celso Nunes

Sem Amarras

Celso Nunes

Sem Amarras

Eliana Rocha

imprensaoficial

São Paulo, 2008

Governador José Serra

imprensaoficial Imprensa Oficial do Estado de São Paulo

Diretor-presidente Hubert Alquéres

Coleção Aplauso

Coordenador Geral Rubens Ewald Filho

Apresentação

Segundo o catalão Gaudí, *não se deve erguer monumentos aos artistas porque eles já o fizeram com suas obras.* De fato, muitos artistas são imortalizados e reverenciados diariamente por meio de suas obras eternas.

Mas como reconhecer o trabalho de artistas geniais de outrora, que para exercer seu ofício muniram-se simplesmente de suas próprias emoções, de seu próprio corpo? Como manter vivo o nome daqueles que se dedicaram à mais volátil das artes, escrevendo, dirigindo e interpretando obras-primas, que têm a efêmera duração de um ato?

Mesmo artistas da TV pós-videoteipe seguem esquecidos, quando os registros de seu trabalho ou se perderam ou são muitas vezes inacessíveis ao grande público.

A *Coleção Aplauso*, de iniciativa da Imprensa Oficial, pretende resgatar um pouco da memória de figuras do Teatro, TV e Cinema que tiveram participação na história recente do País, tanto dentro quanto fora de cena.

Ao contar suas histórias pessoais, esses artistas dão-nos a conhecer o meio em que vivia toda uma classe que representa a consciência crítica da sociedade. Suas histórias tratam do contexto social no qual estavam inseridos e seu inevitável reflexo na arte. Falam do seu engajamento político em épocas adversas à livre expressão e as conseqüências disso em suas próprias vidas e no destino da nação.

Paralelamente, as histórias de seus familiares se entrelaçam, quase que invariavelmente, à saga dos milhares de imigrantes do começo do século passado no Brasil, vindos das mais variadas origens. Enfim, o mosaico formado pelos depoimentos compõe um quadro que reflete a identidade e a imagem nacional, bem como o processo político e cultural pelo qual passou o país nas últimas décadas.

Ao perpetuar a voz daqueles que já foram a própria voz da sociedade, a *Coleção Aplauso* cumpre um dever de gratidão a esses grandes símbolos da cultura nacional. Publicar suas histórias e personagens, trazendo-os de volta à cena, também cumpre função social, pois garante a preservação de parte de uma memória artística genuinamente brasileira, e constitui mais que justa homenagem àqueles que merecem ser aplaudidos de pé.

José Serra
Governador do Estado de São Paulo

Coleção Aplauso

O que lembro, tenho.
Guimarães Rosa

A *Coleção Aplauso*, concebida pela Imprensa Oficial, visa a resgatar a memória da cultura nacional, biografando atores, atrizes e diretores que compõem a cena brasileira nas áreas de cinema, teatro e televisão. Foram selecionados escritores com largo currículo em jornalismo cultural para esse trabalho em que a história cênica e audiovisual brasileira vem sendo reconstituída de maneira singular. Em entrevistas e encontros sucessivos estreita-se o contato entre biógrafos e biografados. Arquivos de documentos e imagens são pesquisados, e o universo que se reconstitui a partir do cotidiano e do fazer dessas personalidades permite reconstruir sua trajetória.

A decisão sobre o depoimento de cada um na primeira pessoa mantém o aspecto de tradição oral dos relatos, tornando o texto coloquial, como se o biografado falasse diretamente ao leitor.

Um aspecto importante da *Coleção* é que os resultados obtidos ultrapassam simples registros biográficos, revelando ao leitor facetas que também caracterizam o artista e seu ofício. Biógrafo e biografado se colocaram em reflexões que se estenderam sobre a formação intelectual e ideológica do artista, contextualizada na história brasileira, no tempo e espaço da narrativa de cada biografado.

São inúmeros os artistas a apontar o importante papel que tiveram os livros e a leitura em sua vida, deixando transparecer a firmeza do pensamento crítico ou denunciando preconceitos seculares que atrasaram e continuam atrasando nosso país. Muitos mostraram a importância para a sua formação terem atuado tanto no teatro quanto no cinema e na televisão, adquirindo, linguagens diferenciadas – analisando-as com suas particularidades.

Muitos títulos extrapolam os simples relatos biográficos, explorando – quando o artista permite – seu universo íntimo e psicológico, revelando sua autodeterminação e quase nunca a casualidade por ter se tornado artista – como se carregasse desde sempre, seus princípios, sua vocação, a complexidade dos personagens que abrigou ao longo de sua carreira.

São livros que, além de atrair o grande público, interessarão igualmente a nossos estudantes, pois na *Coleção Aplauso* foi discutido o processo de criação que concerne ao teatro, ao cinema e à televisão. Desenvolveram-se temas como a construção dos personagens interpretados, a análise, a história, a importância e a atualidade de alguns dos personagens vividos pelos biografados. Foram examinados o relacionamento dos artistas com seus pares e diretores, os processos e as possibilidades de correção de erros no exercício do teatro e do cinema, a diferença entre esses veículos e a expressão de suas linguagens.

Gostaria de ressaltar o projeto gráfico da *Coleção* e a opção por seu formato de bolso, a facilidade para ler esses livros em qualquer parte, a clareza de suas fontes, a iconografia farta e o registro cronológico de cada biografado.

Se algum fator específico conduziu ao sucesso da *Coleção Aplauso* – e merece ser destacado –, é o interesse do leitor brasileiro em conhecer o percurso cultural de seu país.

À Imprensa Oficial e sua equipe coube reunir um bom time de jornalistas, organizar com eficácia a pesquisa documental e iconográfica e contar com a disposição e o empenho dos artistas, diretores, dramaturgos e roteiristas. Com a *Coleção* em curso, configurada e com identidade consolidada, constatamos que os sortilégios que envolvem palco, cenas, coxias, *sets* de filmagem, textos, imagens e palavras conjugados, e todos esses seres especiais – que nesse universo transitam, transmutam e vivem – também nos tomaram e sensibilizaram.

É esse material cultural e de reflexão que pode ser agora compartilhado com os leitores de todo o Brasil.

Hubert Alquéres
Diretor-presidente da
Imprensa Oficial do Estado de São Paulo

Introdução

Tudo começou com uma borboleta. Tudo exatamente, não, porque antes houve o teatro, mas aquela borboleta foi o sinal de que, mais do que uma aluna, eu era uma amiga querida. E aquela amizade que chegou da França na forma de uma borboleta tinha começado no teatro, que durante toda a minha vida tem sido um traço de união.

Em 1966, o TEFFI, Teatro Escola da Faculdade de Filosofia de Santos, do qual eu fazia parte, organizou um curso para os atores do grupo com professores da Escola de Arte Dramática indicados pelo dr. Alfredo Mesquita, diretor da escola. O professor de interpretação era um jovem recém-formado, muito dinâmico e cheio de idéias, chamado Celso Nunes. Era impossível não se contagiar com o seu entusiasmo. Do curso resultou a montagem de *A Falecida*, de Nelson Rodrigues. Pouco depois, ele partiu para a França, onde ficaria três anos.

Mas onde entra a borboleta? Ela chegou dentro de uma carta, na forma de um lindo desenho em aquarela, que ainda guardo na memória em sua profusão de formas e cores em tons pastel, delicadamente desenhadas numa folha de papel de seda. A legenda era alguma coisa como *Esta é você, mon papillon*. Era linda. Por um desses terríveis descuidos que involuntariamente acabam resultando numa indesculpável grosseria, não respondi à carta e, portanto, o autor do lindo desenho ficou sem um agradecimento. Hoje, tentando desculpar o indesculpável, lembro que acumulava o curso na Faculdade de Direito, o trabalho num escritório de advocacia e os ensaios no grupo de teatro... Que meu avô, doente, estava morando em casa e lá morreu... E tantos outros acontecimentos, importantes ou não importantes, que podem ter-me impedido de escrever um simples bilhete que fosse. Ele, claro, que até hoje não é muito adepto dos e-mails e gosta muito mais de escrever à moda antiga, como provam os vários cartões-postais que me envia de Florianópolis, onde mora, deve ter ficado magoado com o que traduziu, com toda a razão, como indiferença.

Foram anos na França e nos reencontramos na volta, em 1970, em meu último ano na EAD. De novo, ele era o professor de interpretação, agora com tudo o que tinha aprendido, principalmente de Grotówski. Só eu sei o desafio que é para uma jovem nada atlética que tem medo de altura atirar-se de uma plataforma de três metros, mesmo que em cima de um monte de colchonetes. Mas o professor tinha um jeito todo especial de desafiar e, ao mesmo tempo, dizer que você era capaz. E lá fui eu, de cambalhota em cambalhota, durante um ano de curso, até chegar ao prêmio final, que foi representar Agaue na linda montagem de *As Bacantes,* de Eurípedes, que o Celso dirigiu como encerramento do curso.

Daí em diante, corremos em raias diferentes, nem sempre paralelas, mas sem nunca nos perdermos de vista. Fui ao seu casamento com a Regina, fiquei feliz com o nascimento do Gabriel e da Nina, fiquei triste com a separação, assisti a quase todos os espetáculos que ele dirigiu, vibrei com o seu sucesso, fiquei amiga de seus amigos e me entristeci com suas perdas. Pelas suas mãos, e graças ao lindo presente de minha amiga Jandira Martini, tive meu momento mais feliz como atriz fazendo a Virgília, de *A Vida é uma Ópera.* Pouco depois, ele fez uma mudança drástica em sua vida. No momento não entendi, mas hoje entendo perfeitamente o que o levou a se afastar de São Paulo e ir viver junto do mar, isolado das coisas e da gente do teatro. Fui visitá-lo várias vezes e tivemos longas conversas, olhando para o mar. Foi numa dessas conversas que ele plantou dentro de mim a idéia – quase um conselho – de que eu devia escrever... e aí, de repente, veio o convite para eu participar desta *Coleção Aplauso* fazendo justamente o perfil do meu amigo.

Foi um prazer em todos os momentos, uma redescoberta do artista e do ser humano, uma reafirmação do talento, do temperamento, da imensa generosidade, do amor pela vida e pelas pessoas, da amizade. Espero que este livro seja, com quase 40 anos de atraso, minha resposta àquela borboleta esquecida em alguma gaveta bagunçada da juventude. Para você, Celso, este é *mon papillon*.

Eliana Rocha

Capítulo I

Território Livre da Lapa

Era fim de tarde quando os primeiros sinais de parto se insinuaram. O marido não está em casa. Ausentou-se, porque *ter filho é coisa de mulheres. Será que nasce mesmo hoje?*, pergunta uma vizinha, desconfiada, pois já se haviam passado 15 dias da data prevista pelo médico. *É melhor chamar a parteira, porque de hoje não passa*, diz a mãe, dona Josephina, com a autoridade de quem teve oito filhos. As contrações começam e as vizinhas brincam para distrair a parturiente: *Só você mesmo, Affra. Tão trabalhadeira que tinha de esperar o feriado para parir. Não queria perder nenhum dia de serviço.*

Era a noite de 14 de novembro de 1941, o dia seguinte seria feriado, em comemoração à Proclamação da República, e a fábrica ficaria fechada.

Antes da primeira hora do dia 15, finalmente nasceu o menino. Finalmente, porque os trabalhos foram longos e penosos. O bebê era enorme, 5,450 kg, estava mal posicionado e teve que ser tirado *a ferros*, como se dizia naquela época, quando um parto precisava da ajuda do fórceps. Ao nascer, a primeira coisa que ele viu, sem ver, foi Linda, a parteira. Nada mal, nascer pelas mãos da beleza!

Pai e mãe em férias de noivado, Santos/SP, 1939

Nenê, num galinheiro

Deram-lhe o nome Celso, uma resolução de última hora, porque seria Jair, ou Sheila, se fosse menina. A mãe, Affra Bevilacqüa Nunes, era uma moça forte e bonita. Extrovertida e alegre, todos na fábrica gostavam dela, até suas subordinadas, cerca de 50 operárias que ela supervisionava como chefe do controle de qualidade. O pai, Júlio Nunes, era operário na mesma fábrica. Mas nem sempre foi assim.

Júlio era um homem alto, quase 1,80 metro, muito magro, que os amigos chamavam de *Bigode da Fome*, por causa do bigodão farto sob dois expressivos olhos azuis. Bigode era novato na fábrica, onde fora trabalhar por amor. Sim, porque dona Josephina, como boa *mama* italiana, não queria ver a filha caçula casada com um rapaz sem profissão definida. E tinha lá suas razões, porque o Bigode era boêmio, habitual freqüentador de salões de baile, onde conheceu Affra, e vivia de expedientes. Sua principal fonte de renda vinha das apostas do jogo do bicho que recolhia numa banquinha, nas ruas da zona oeste de São Paulo.

As mulheres da família Bevilacqüa devem ter feito pressão e acabaram vencendo: o Bigode virou operário.

A fábrica em questão era a Ibram – Indústria Brasileira de Meias, que ficava na esquina da

Rua Catão com a Guaicurus, na Lapa, bem em frente ao matadouro municipal. Essa fábrica, que abrigou pai e mãe, um dia também abrigaria o filho. Mas essa é uma outra história que fica para depois. Mas não muito.

Por enquanto, o menino ainda brinca solto sob o sol nas várzeas da Lapa de Baixo e não tem permissão para cruzar a porteira da via férrea e passar para a Lapa de Cima. Por quê? *Porque a Lapa de Cima não é lugar para a gente da Lapa de Baixo*, como diziam quase todos os de cima. A porteira da ferrovia não separava apenas dois pedaços do bairro, mas dois mundos. Na Lapa de Cima vivia a gente *bem*, as ruas eram calçadas e servidas por bondes, havia mercado, lojas comerciais e boas casas. Enquanto a Lapa de Baixo era chão de terra, por onde circulavam carroças e onde cavalos, cachorros e galinhas viviam soltos nos terreiros. Da ferrovia até as margens do Tietê eram quase só várzeas que faziam a alegria da garotada do bairro: na seca, formavam cinco campos de futebol contíguos onde o jogo era livre; na cheia, os campos se transformavam numa imensa lagoa onde os meninos podiam nadar e caçar rãs com o Cabrão.

O Cabrão, que devia se chamar Cabral, ganhou o apelido porque era um rapazote grandão de uns 18 anos que ensinava os meninos menores

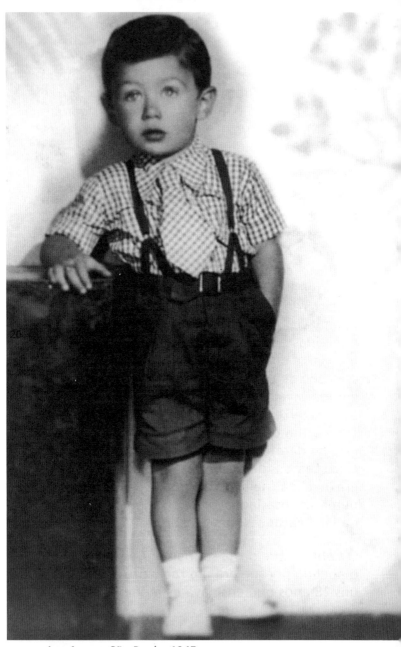

Aos 4 anos, São Paulo, 1945

Com o pai Júlio, 1950

a caçar rã no tapa. Literalmente, porque o processo era simples: assim que a desavisada dava o ar de sua graça, o Cabrão tacava-lhe logo um tapa na cabeça que a deixava tonta. Então, era fácil apanhá-la e metê-la na fiada, um arame comprido onde elas eram enfiadas pela boca. Como se comeu rãs naqueles tempos!

Mas uma aventura maior que a caça à rã era a que o menino podia viver no cinema. Estamos no final dos anos 1940, quando a televisão ainda não existia e demoraria muito a chegar à Lapa de Baixo. As matinês de domingo do Cine Recreio eram aguardadas com ansiedade a semana toda. As aventuras vividas na tela eram principalmente as de *Nioka, a Rainha das Selvas*, e de *Flash Gordon*, narradas em seriados. E havia ainda os musicais da Metro, que deram ao menino seus primeiros ídolos: Gene Kelly, Fred Astaire, Cyd Charisse, June Allyson, Debbie Reynolds.

Os domingos eram mesmo do cinema, porque a igreja deixou de fazer parte da sua vida por volta dos seis anos. Era o tempo da Quaresma, e Affra acabara de ter a segunda filha, Cely, que estava então com meses. Numa das estações da *via crucis*, a nenê começa a chorar de fome. Já passara a hora de mamar, o padre Marcelo, da igreja da Lapa, que devia identificar-se com Herodes no horror às criancinhas, interrompe a oração e num tom nada compassivo declara: *A senhora que está com a criança chorando deve retirar-se da igreja*. Affra se retirou – e nunca mais pôs os pés numa igreja para rezar. Continuou católica, mas rezava em casa, onde armou um pequeno altar a Santa Teresinha do Menino Jesus, de quem era devota.

Nessa época, o menino já estudava no Grupo Escolar Guilherme Küllmann no período da manhã e à tarde freqüentava o parque infantil municipal que ficava em frente ao colégio. O parque infantil ocupava um quarteirão inteiro, de modo que não faltava espaço para brincadeiras. No grupo, era bom aluno, e não tinha dificuldade em nenhuma matéria, mas, mesmo assim, não escapava dos castigos de dona Carmem, uma professora que batia nas mãos dos alunos com uma régua e os obrigava a ajoelhar no milho. Não admira que tenha ficado marcada na memória!

Mas, a não ser pela megera dona Carmem, naquela época ele não conheceu quase nenhuma outra repressão, nem rígida obrigação. Vivia livre, brincando e correndo, montando cavalo a pêlo na várzea. E, quando estava em casa, agarrava-se ao seu tesouro, uma coleção do *Tesouro da Juventude* que o pai comprara de segunda mão de um amigo. Aos dez anos, ele lia a histó-

Com a mãe Afra e a irmã Cely, casa da Lapa, São Paulo

ria do mundo em linguagem simples, acessível, embora em português antigo, e adorava os experimentos científicos que podia fazer em casa, principalmente os de separação de líquidos, com os quais aprendeu a ver elementos mais densos e mais sutis.

Era a primeira infância, cantada em prosa e verso como os anos felizes. Mas o êxtase da infância estava prestes a acabar, de uma forma abrupta e inesperada para ele. Dessa época, ficaram doces lembranças, principalmente da mãe, que tinha alma sensível e o ensinou a olhar a beleza do mundo. Não raro, chamava o filho para apreciar a cor vibrante de uma flor ou o colorido mutante do pôr-do-sol.

Dessa década, ficaram impressões indistintas do tempo de guerra, quando havia *blackouts* e racionamento de farinha. Ficaram vagas lembranças de reuniões clandestinas realizadas em sua casa com o pessoal da fábrica e comandadas por um certo Felisberto, que passava pelo outro lado da rua e só entrava quando tinha certeza de não estar sendo observado. Que movimento era aquele, ele não sabe. A única lembrança concreta que ele guarda dessas reuniões é a de panfletos que o pai guardava numa prateleira alta em cima da porta do banheiro.

Daqueles anos, ficou também a sensação de liberdade, e a idéia de que pobreza não precisa significar tristeza e infelicidade. Ficaram fotos e alguns testemunhos materiais, que ele gosta de ter em casa, como uma enorme mesa de madeira maciça onde o tio Nestor, que era alfaiate, cortava os ternos da freguesia, e o grande armário onde ele guardava os tecidos e que, adquirido quando ele fechou a alfaiataria, se transformou numa bela cristaleira.

Com os pais e a prima Yedda (sua primeira professora de música) interior SP – 1950/51

Capítulo II

De Parafusos e Sputnik

Vivemos num mundo secular. Para adaptar-se a esse mundo, a criança abdica de seu êxtase. A frase é de Mallarmé, e seria uma inspiração para Celso muitos anos depois, durante a montagem de *Equus*, de Peter Shaffer. Mas por enquanto, ele não sabia disso racionalmente, embora já o sentisse na pele.

O fim da infância veio na forma de uma impossibilidade material. Depois do que naquela época se chamava o quarto ano primário, ele não fez o quinto ano de admissão e entrou direto no primeiro ano ginasial no Colégio Anhangüera, um ginásio do Estado onde o ensino era de ótimo nível. Acontece que no fim do ano ele foi reprovado e jubilado. A norma era rígida: a reprovação excluía o aluno. Afinal, as vagas eram poucas e muitos os candidatos. Essa impossibilidade de continuar cursando a escola pública obrigou os pais a arranjar-lhe um trabalho com que pagar um colégio particular noturno. O trabalho veio por intermédio de um primo, Nelsinho, que era funcionário da Fábrica de Balanças Ramuza.

Celso tinha apenas 11 anos e passou a trabalhar das sete às cinco da tarde, com uma hora de almoço, que comia em casa, porque por sorte – se é que se pode falar em sorte –, a fábrica ficava bem em frente à casa onde ele morava, na Rua Engenheiro Albertin. Mas ele comia depressa, porque nessa hora ainda precisava fazer as lições da escola. Testemunha dessa época é uma balança de ferro esmaltado, em perfeito estado, com dois pratos e uma série de pesos de metal, na qual se pode ler, gravada em alto relevo, a palavra Ramuza. Hoje ela ocupa um lugar de destaque na cozinha de seu lindo apartamento em Florianópolis, Santa Catarina, e ainda funciona com precisão. Mas como foi parar aí? Quando a fábrica fechou, derrotada pela concorrência da Filizolla, o proprietário, seu Manuel, que depois de anos de convivência e vizinhança tinha se tornado amigo da família, lhes deu a balança de presente como lembrança.

Na Ramuza, onde era a única criança entre adultos, sua função era separar parafusos de acordo com os diferentes tamanhos e colocá–los numas *caixinhas lindas de madeira*, como ele diz, numa demonstração de que não perdia a visão da beleza, mesmo naquela circunstância injusta de trabalho infantil. O meio salário mínimo, magro com certeza, vinha num envelope fechado que nem passava pelas suas mãos. Ia direto para a mão do pai e ajudava a pagar seus estudos na Escola Técnica de Comércio Campos Salles.

Ele estudava para quê? O que ia ser o garoto quando crescesse? Ele não sabia ainda. Alguns anos mais tarde, em 1957, quando o *Sputnik* entrou em órbita levando a cadelinha Laika, ele chegou a alimentar um sonho: ser astronauta. Pouco mais tarde, pensava em ser médico, mas menos por verdadeira vocação e mais por se tratar de uma profissão que dava *status* e orgulho aos pais.

No segundo grau, dois professores o marcaram. O professor Saraiva, o primeiro *blouson-noir* que ele conheceu, foi também o primeiro a falar de drogas e dos efeitos da maconha. O outro foi o professor Maluf, um magnífico professor de português, grande conhecedor da língua, que o ensinou a gostar de ler e escrever. Dele, ficou na memória uma frase engraçada, usada para exemplificar um erro de prosódia: *Sarta marvado pra carçada que lá vai pórvora.*

Com o progresso escolar veio também uma relativa promoção profissional. Da linha de montagem da Ramuza, ele passou a *office-boy* da White Martins, no bairro da Pompéia, para onde ia a pé, nuns três quilômetros de caminhada, porque a essa altura os pais já moravam na Rua Fáustolo, na Lapa de Cima. Ali ele ouviu falar pela primeira vez em teatro. Um colega de trabalho, José Maria Zolesi, fazia teatro amador na Vila Brasilândia e o convidou, não para assistir à peça – que ele nem lembra qual era, provavelmente uma miscelânea de vários números de variedades –, mas para tocar sanfona no espetáculo. Ele tinha aprendido um pouco de piano com uma prima que tinha piano em casa, mas, na hora de estudar sozinho, em vez dos exercícios de escala ou das valsinhas para iniciantes, gostava de testar acordes dissonantes e o ritmo alucinante do *rock*. A tia, cujos ouvidos não agüentaram as experiências musicais do adolescente, pôs fim à sua carreira de pianista. Então, ele passou ao acordeão e acabou como sanfoneiro num palco da Vila Brasilândia. Mas a experiência foi única e parou por ali.

Como sanfoneiro, Vila Brasilândia, São Paulo, 1956

Depois de um curto período na White Martins, ele foi para a Ibram, a indústria de meias onde o pai trabalhou até se aposentar. Dessa vez, trabalhava no setor de expedição, onde preenchia notas fiscais e embalava caixas. Logo o transferiram para os escritórios centrais da fábrica, que ficavam na Rua Xavier de Toledo. Ali ele conheceu um aristocrata de verdade, o barão Kurt Gustav von Pritzelwitz, um dos principais acionistas e diretor da empresa. Era um homem grande, careca, de olhos azuis, que o tratava com muita ternura. Seu chefe imediato era um judeu, o sr. Alberto Smith, que não gostava nada de ser subordinado de um alemão. Vale lembrar

Primeiro em pé, à esquerda: 15 anos, com colegas de trabalho, 1956

que eram os anos 1950, quando a geração que vivera a Segunda Guerra Mundial ainda estava viva e as feridas não tinham fechado. Havia ainda outro alemão, o sr. Hans Stumpf, cuja presença no escritório também desagradava ao Alberto, mas que ensinava ao garoto frases em alemão para que ele pudesse atender aos telefonemas da noiva. O Alberto contava piadas de alemães e dava gargalhadas, mas, se o Hans entrasse de repente na sala, dissimulava com perfeição, esticando os suspensórios e fazendo uma careta discreta com os cantos da boca.

Celso ficava dividido, porque o barão alemão o tratava como um pai, mas o Alberto lhe dizia para tomar cuidado, porque todo alemão era um cão de caça e ele podia levar uma mordida. Foi esse Alberto quem lhe pôs nas mãos o livro de um autor que faria sua cabeça: *Moisés e o cavaleiro Levi*, de Pitigrilli. *Você vai ler e um dia vai entender esse livro*, ele lhe disse, profético.

Pitigrilli é o pseudônimo de Dino Segre (1893-1975), escritor italiano cínico e materialista, antifascista e, depois, colaborador do fascismo, judeu e anticlerical, que depois da guerra converteu-se ao catolicismo. *Moisés e o cavaleiro Levi* assinala um novo rumo na sua literatura, porque pouco depois escreveria *A maravilhosa aventura*, em que declara explicitamente sua conversão.

Tão encantado ficou com o romance de duas famílias judias que enfrentam o fascismo, o racismo e a guerra, que saiu pelos sebos da cidade à procura de outros livros do autor. Tem quase todos, devidamente encadernados, em sua biblioteca. Foi então que tomou contato com uma visão desencantada do mundo, com uma ironia cáustica que exorcizaria o pouco que restava de cristianismo dentro dele. De Pitigrilli para Sartre foi um passo, mas isso seria mais tarde. Antes, um Sócrates suburbano iria apresentá-lo a um poeta que o transformou num materialista "de carteirinha".

Recebendo diploma do colegial do querido professor Saraiva, 1960

Capítulo III

De Paisagens e Sonhos

Por volta de 1954, perto de completar 14 anos, ele passou a trabalhar na Viação Gato Preto, cuja garagem ficava na mesma rua onde ele nasceu. A família Gatti, proprietária da empresa, era rica para os padrões da Lapa. Quando ele nasceu, Affra e Júlio alugavam uma casinha nos fundos da casa dos Gatti, na Rua Espártaco. Não era exatamente uma casa, mas um conjugado de quarto e cozinha. O banheiro era fora, e para usá-lo era preciso cruzar o quintal. Em 1941, quando Celso nasceu, Ermínio Gatti, filho dos donos da casa, tinha 13 anos, e por isso o bebê esperou um ano até que o garoto Ermínio completasse 14 e pudesse batizá-lo.

O conhecimento entre as duas famílias acabou levando o adolescente para a empresa, onde ele começou na seção de tráfego. Com isso, aprendeu muito cedo a dirigir os ônibus no pátio. Pouco mais tarde, quando estava com uns 17 anos, já trabalhava no departamento do pessoal. Nos ônibus, os furtos eram freqüentes, e ele era o funcionário encarregado de ir à delegacia do bairro que também ficava na Rua Espártaco, fazer os boletins de ocorrência. Na delegacia trabalhava um escrivão, José Eraldo Toledo, um homem letrado, filho de um advogado conceituado. Ele ficava diante da máquina datilográfica escrevendo o boletim de ocorrências, e de repente parava de datilografar e soltava frases que para o adolescente eram uma viagem, coisas como: *A Verdade, como a lança de Aquiles, cura as feridas que faz; a Verdade é a alma da História, e dela exala como um perfume.* Ou: *Para nós, que não cremos em nada fora do círculo da Realidade que nos estreita, onde encontrar abrigo para nossa Esperança neste naufrágio absoluto dos deuses e dos homens?*

Eram máximas do escritor colombiano José María Vargas Vila (1860-1933), um dos mais prolíficos e mais polêmicos da história literária de seu país. Iconoclasta, dono de um estilo mordaz, lançava-se contra os privilégios do clero, contra o dogmatismo e a intolerância. Demolidor, atacava os caudilhos e ditadores latino-americanos, numa defesa apaixonada por liberdade de pensamento. Da altura de seus púlpitos, os padres condenavam às chamas do inferno o apóstata que lesse seus livros. Os operários anarquistas e socialistas o liam com entusiasmo e o respeitavam como apóstolo de idéias libertárias. Todas essas idéias impressionaram o adolescente Celso. Ele estava em boa companhia, porque, aos 15 anos, a poeta chilena Gabriela Mistral tinha em Vargas Vila um de seus escritores preferidos. Afinal, como disse o próprio poeta: *Para entender lo que yo escribo hay que ser libre. Nada más.*

Fanático, ele começou a percorrer de novo os sebos de São Paulo à procura dos livros de Vargas Vila, uma coleção que também guarda até hoje. Lia-os e sabia frases de cor. *Esse sou eu*, ele pensava. *Eu sou esse pensador, eu sou a pessoa que acha isso da vida.*

Esse era ele no final dos anos 50? Um pensador materialista e humanista? Mas, além de pensar, ele observava. Observador ele sempre fora. Basta lembrar as *lindas caixinhas de madeira* da fábrica de balanças. Mas, a partir da adolescência, ele passa a se relacionar com o mundo não só como observador, mas também como criador de paisagens.

Como observador, o que ele via? Casa operária, fábrica, escritório, ruas de outras casas operárias no trajeto até a escola – que ele só via à noite –, salas de aula: paisagens pobres sem belezas naturais, mas ricas de rostos humanos, muitos dos quais ele jamais esqueceu. Mas freqüentar paisagens urbanas desgastadas e monótonas o fazia viver de maneira um tanto mecânica. Cumpria horários, executava as tarefas diárias, andava com hora marcada por ruas mal-iluminadas, assistia às aulas de mecanografia como se ele próprio fosse peça de uma grande engrenagem. Tocava a vida, sem possuir quase nada, a não ser a convicção de que existia algo secreto que era totalmente seu: a capacidade de sonhar, e ele sonhava muito. Sonhava dormindo e sonhava acordado. Sonhava com paisagens inatingíveis, praias paradisíacas do Havaí, onde ondas enormes e ameaçadoras o atiravam contra um rochedo e o arrancavam do sono no tranco, molhado, não da água do mar, mas de suor noturno.

Enquanto vivia pobres paisagens reais, ele criava fabulosas paisagens de sonho. As paisagens reais eram as do centro da cidade durante os anos 50, com suas avenidas largas e iluminadas, letreiros de néon, imensos arranha–céus, cartazes descomunais à porta dos cinemas. O ponto da turma era o famoso Jeca, na muito mais famosa esquina de São João com Ipiranga, onde comia pizza brotinho e tomava cerveja e – coisa que não se encontrava em outros bares – groselha gelada. Nessa paisagem, o jovem triste da Lapa de Baixo dava lugar a um rapaz descontraído, de andar desenvolto, que olhava todos de frente. O ar cabisbaixo desaparecia e a voz perdia o tom gutural e tornava–se sonora, palatal. Até o nome mudava. Celso, o nome pelo qual era chamado na fábrica e no colégio, dava lugar a um apelido carinhoso: Mino, adquirido pelo gosto de *paquerar as minas*, como eram chamadas as garotas no jargão paulistano da época.

Nesse personagem, ele se sentia atraente, poderoso. E, entre um gole e outro de cuba–libre, sonhava acordado. Olhava a linha vertical dos edifícios e imaginava que um dia deixaria de ser operário e estaria ali, no alto, num daqueles escritórios, sentado numa cadeira giratória por trás de uma grande mesa. E, como uma coisa puxa outra, lá ia ele, por outras paisagens, vivendo outros personagens.

O personagem dominante daqueles anos era o rebelde de motocicleta, blusão de couro e boné, ou seja, Marlon Brando de *O Selvagem* (*The Wild One*, 53). *Na* falta da moto, ele capotou de carro mesmo, um Renault Dauphine comprado com as economias. Era seu segundo carro, pois o primeiro, um Fusca 59 usado, ele comprara do patrão e padrinho, que descontava o preço mensalmente de seu salário. O rebelde ele vivia mais na imaginação e no desejo, porque sua vida continuava regrada, trabalhando durante o dia e estudando à noite. De Marlon Brando, ele imitava o cabelo cortado rente e puxado para a frente, porque queria ser moderno, e também para esconder uma calvície que já se insinuava. Ou besuntava o topete com óleo de lavanda Bourbon e fazia uma vírgula na testa, como Bill Halley.

Em férias, litoral paulista, com amigos, 1961 (primeiro à esquerda)

O corte de cabelo *à la Brando* provocou um terremoto em casa. O pai pediu que as mulheres saíssem da sala, trancou a porta e disse que precisava ter com ele uma conversa de homem para homem. Resumo do que não teve nada de conversa e foi praticamente um monólogo tonitruante: *Isso não é coisa de homem!* Como também não eram coisas de homem as calças justas, blusão de couro e ... meias vermelhas. Isso mesmo: um par de meias vermelhas custou-lhe a amizade do Lineu, que tinha uma lambreta e um dia resolveu aparecer na Lapa com um par de meias dessa cor. Isso bastou para que a amizade fosse proibida. O pobre do Lineu teve um fim insólito: caiu da lambreta, bateu a cabeça no meio-fio e morreu. (Logicamente, isso nada teve a ver com as meias vermelhas.)

1962, em São Paulo, ano de decisão entre jornalismo e teatro

Capítulo IV

Esse Sou Eu!

Nessa época, ele já havia rompido seu compromisso com Deus e tornara-se agnóstico. Por outro lado, quanto mais estudava a vida de Jesus, mais impressionado ficava com aquele homem que conseguia olhar para o outro e viver para a humanidade. É então que entra no circuito um filósofo que iria exercer uma forte influência em sua vida: Jean-Paul Sartre. Desde que leu o livro *O Existencialismo É Um Humanismo*, escrito em 1946 a partir de uma palestra proferida pelo filósofo, o materialismo humanista tornou-se a sua bandeira: ser materialista e nem por isso sentir-se anti-humano.

Foi esse jovem que, em 1960, convidado pela namorada Tereza, uma espanhola que trabalhava com ele na empresa de ônibus, entrou pela primeira vez num teatro. O teatro era o TBC – Teatro Brasileiro de Comédia, e a peça, uma remontagem de *Um Panorama Visto da Ponte*, de Arthur Miller, com Leonardo Villar e Nathália Timberg. Era uma matinê de domingo, sessão escolhida porque terminava mais cedo e na segunda-feira teriam que acordar cedo para trabalhar.

Lá está ele, esperando o início do espetáculo. Então, as luzes da platéia se apagam, a cortina de veludo se abre e ele vê sua vida no palco: uma família operária lutando para ascender socialmente, um jovem que quer oxigenar o cabelo e é esmagado pela repressão. À medida que o espetáculo prossegue, ele vai sendo tomado por uma emoção muito forte. Cenas da sua vida lhe eram mostradas com outras pessoas nos papéis que, na vida real, eram vividos por ele e por sua família. Toda aquela gente na platéia, presenciando fatos que ele considerava seus.

Você gostou da peça? Era Tereza, chamando-o à realidade. Ele olhou em volta e viu que, indiferentes à sua emoção, os espectadores se levantavam e se preparavam para sair. Ele não sabia o que responder a Tereza. *Será que gostei?*, ele se perguntava. *Será essa uma forma de prazer? Então por que sofri tanto para sentir esse prazer? Como é que um autor que não me conhece pode saber tanto da minha vida?*

Foi uma experiência inigualável, um ponto de mutação. Vários fatores o vinham preparando para aceitar o teatro com todo o seu paganismo, sua inspiração dionisíaca, um mundo que a sociedade burguesa classe média baixa em que ele vivia desprezava tanto. Ele já estava preparado para o que viria a seguir, e, segundo ele próprio, *Tereza foi apenas o arcanjo que me pegou pela mão e me levou para o templo onde eu precisava entrar, que era o teatro.*

Seja como for, a partir daí sua vida mudou. Ele sentia que podia fazer aquilo. Se era tão igual ao que ele conhecia, era *só subir lá e ser*! Mas por onde começar? Ele estava cursando jornalismo na Fundação Cásper Líbero e não conhecia ninguém que fizesse teatro. A idéia ficou amadurecendo por uns dois anos.

No curso de jornalismo, um fato o ajudou a perceber que estava na carreira errada. Foi quando, em 1960, junto com um grupo de colegas da faculdade, Celso partiu rumo a Uberaba, em Minas Gerais, onde se realizava uma Feira Nacional do Gado. O interesse dos estudantes de jornalismo não era propriamente a feira, mas a presença do ex-presidente Juscelino Kubitschek, que os receberia para uma entrevista.

Era tarefa dos alunos escrever uma matéria jornalística sobre a visita. O texto dele foi completamente diferente. Enquanto os outros comentaram a ousadia do ex-presidente de transferir a capital para o planalto central e outras questões políticas, Celso só falou do presidente: como ele entrou na sala, como se sentou, como sorria, o suspensório que lhe caía do ombro, a camisa amassada, o cabelo penteado no estilo de Perón, a impressão de confiança que transmitia, a personalidade. Em suma, um estudo detalhado de um personagem. O professor o fez ver que aquele texto, apesar de bem-escrito, pouco falava de Brasília, tema da matéria jornalística, mas era o perfil de uma personalidade. Foi então que ele percebeu que não seria um bom jornalista, mas aprendeu uma coisa muito importante sobre si mesmo: sua enorme capacidade de observação.

No final de 1962, descobriu, pelo jornal, que no Teatro Cacilda Becker seria apresentado o *Macbeth* de Shakespeare como exame público dos formandos da Escola de Arte Dramática, que tinha no elenco alguém que viria a se tornar uma grande atriz: Aracy Balabanian. Ele ficou exultante ao saber da existência de uma escola de teatro e foi à luta.

Pouco depois, lá estava ele, de terno de raiom bege riscadinho de marrom e gravata, subindo as escadas do lindo prédio da Avenida Tiradentes que era sede da EAD, onde hoje funciona a Pinacoteca do Estado. Na entrada, a estátua de um índio guarani lhe deu as boas-vindas. Ele se apresentou na secretaria e fez a inscrição. Ali, ficou sabendo que teria de preparar uma cena de teatro e se submeter a uma banca examinadora. A cena escolhida foi um diálogo de *Os Rinocerontes* de Ionesco, que ele assistira numa montagem do Teatro Cacilda Becker, com Walmor Chagas. O protagonista é um homem comum que vai se afastando da sociedade de sua pequena cidade à medida que luta contra o conformismo dos outros habitantes. Ele parece ser o único a perceber que algo está errado, o primeiro a pressentir de onde vêm tantos rinocerontes, mas não o escutam. Ele é um homem só e desamparado numa cidade que ameaça transformar-se numa sociedade de monstros.

Foi outro impacto. Aquele homem que não queria capitular, que não queria ser igual a todo mundo, *era ele*. Ele estava na fase de identificação. Quase tudo o que ele via *era ele*, a vida dele. Depois dessa experiência, foi largando o curso de jornalismo e voltando-se mais para o universo teatral.

Celso na época em que ingressou na Escola de Arte Dramática

Capítulo V

Teatro é Duro

Para ingressar na Escola de Arte Dramática, o candidato tinha que se submeter a uma prova escrita e passar por um exame prático, que incluía duas cenas, uma escolhida pelo aluno e outra pela banca examinadora. Celso não tinha a menor experiência de teatro e não sabia por onde começar. Foi então que conheceu um jovem recém-chegado à cidade que também pretendia fazer o curso de ator. Era Isaías do Vale Almada, hoje ator, diretor e dramaturgo. Os dois se encontravam na escola para ensaiar a cena escolhida de *Os Rinocerontes*. Era a cena do bar, em que o personagem vê um rinoceronte na rua. Até que chegou o dia do exame.

A banca estava a postos no palco do pequeno teatro que ficava no porão do edifício. Era presidida por Alfredo Mesquita, fundador e diretor da escola desde 1948 e figura lendária do teatro brasileiro. Responsável pela formação de várias gerações de brilhantes atores, atrizes, dramaturgos e cenógrafos, o dr. Alfredo, como era carinhosamente chamado por seus alunos, era uma personalidade ímpar no cenário cultural: crítico do jornal *O Estado de S.Paulo*, fundador do Grupo de Teatro Experimental, da revista *Clima* e da famosa Livraria Jaraguá, e diretor do TBC.

Nos exames de admissão à EAD, os candidatos iam sendo chamados por ordem alfabética. Depois que apresentavam a cena escolhida, recebiam algum tempo para ensaiar a outra cena. Se o aluno tivesse escolhido uma cena de comédia, a segunda seria de drama, e vice-versa. Enquanto aguardavam a sua vez, os candidatos se espalhavam pelas diversas salas do prédio, repassando suas falas. O nervosismo e a ansiedade eram visíveis. Ninguém conseguia ficar parado.

Quando se aproximava o momento de Celso ser chamado, pânico total! *O que eu estou fazendo aqui? Como é que eu vou aparecer em público se nunca fiz isso antes? Por que vou dar essa virada total na minha vida, que já está organizada?* Quando deu por si, estava na Estação da Luz, pronto para pegar o trem para a Lapa. Foi então que outro anjo entrou em cena. Maria Thereza Vargas, autora e pesquisadora que àquela época era secretária da escola, notou sua ausência e pediu a uma candidata que fosse procurá-lo. Era Neusa Maria Chantal, que viria a ser sua colega e namorada nos anos de EAD. Ela o convenceu a voltar e fazer a prova.

Suas notas não foram lá grande coisa, mas um outro talento o salvou e garantiu sua aprovação. Quando se reuniram pela primeira vez os aprovados, cerca de 40, o dr. Alfredo anunciou que, pela primeira vez na escola, um aluno era aprovado com nota 10 na redação e pediu que ele se levantasse. Entre envergonhado e vaidoso, ele se levantou e recebeu uma salva de palmas.

Então, Celso entrou na escola com um certo destaque, em meio a colegas que dariam ótimos atores, como Jesus Padilha, que fez um curso brilhante e uma promissora carreira profissional antes que um aneurisma se manifestasse durante uma apresentação e o tirasse para sempre do palco. Ele se recuperou com muito esforço, mas nunca mais pôde ser o ator que era.

No final do primeiro semestre, uma prova eliminatória costumava diminuir muito a classe. Era a prova de História do Teatro, do professor Paulo Mendonça, secretário e crítico da importantíssima revista *Anhembi* e crítico teatral da *Folha de S. Paulo*. Era um exame rigoroso, mas, hoje, temos uma impressão muito forte de que essa prova servia também para excluir alunos que, durante aqueles primeiros meses, não tinham demonstrado vocação e disciplina para a vida do teatro. Afinal, como dizia o dr. Alfredo, *teatro é duro*.

Era de fato duro, e durante o curso Celso descobriu que, para ele, era um martírio ser ator. Estavam ensaiando cenas de *Hamlet*, sob direção do dr. Alfredo, e ele fazia o rei Cláudio.

– Menino, por que é que o seu braço esquerdo ainda está balançando se você já parou de andar? Você está o tempo todo com essa sobrancelha presa. O personagem não tem essa sobrancelha. Se tivesse, eu colocava uma máscara no seu rosto e resolvia o problema.

– Eu sei, dr. Alfredo. Vamos tentar de novo.

A cena era repetida, com todo o empenho, um esforço descomunal para não contrair o rosto.

– E então, dr. Alfredo, ficou melhor?

– Agora você soltou as sobrancelhas, mas prendeu o ombro.

Ele soltava o ombro e crispava as mãos, soltava os braços e contraía o maxilar... um suplício! Ele não sabia, porque ainda não lera *Minha Vida na Arte*, mas estava passando pelo mesmo tormento que afligira Konstantin Stanislávski em suas primeiras tentativas na arte de representar.

Conta o mestre russo que o inquietava a idéia de estar diante do público, sentindo-se observado por todos os lados. Era tímido e ruborizava quando não se sentia à vontade. Diversas vezes, virase nessa situação e sabia quanto ela era penosa. Buscava uma resposta às suas inquietações: *Por que será que me sinto bem num momento e não no outro, se represento sempre o mesmo personagem? Por que, quando me sinto à vontade não agrado, e sou apreciado justamente quando me sinto deslocado no papel? Se o gesto é o apoio da palavra, por que não posso utilizá-lo sempre que sentir necessidade? No próximo espetáculo, vou concentrar a tensão muscular nos pés e ver se consigo atenuar a das mãos, descerrando os punhos!* É a partir dessas inquietações que Stanislávski, com uma paciência rara, uma observação aguçada, uma extrema sensibilidade e muita dedicação, vai construir o seu famoso método de formação de atores.

Mas no começo, como Celso constatou na pele, era insuportavelmente difícil ser ator. Na EAD, ele se sentia um bloco de pedra. Mas, quando estava fora de cena, assistindo às cenas dos colegas, tinha uma visão clara de tudo o que precisava ser feito. Enquanto Jesus e Chantal faziam as cenas de Hamlet e Ofélia, ele ficava atento a tudo o que o dr. Alfredo dizia e depois dava toques inestimáveis para os colegas. Mais uma vez, era o observador que se manifestava. De fora, ele via o detalhe, a nuance sutil, e isso o foi encaminhando para uma posição de facilitador do trabalho dos outros. Ainda não era nem se sentia diretor, mas já era um começo.

Como ator, EAD SP: Sônia Guedes, Luis Carlos Arutin, Gabriela Rabello e Celso em Os Meirinhos, *de Martins Pena*

Mesmo com todas as dificuldades, nos dois primeiros anos de EAD participou como ator de montagens como *Auto da Barca do Inferno*, de Gil Vicente, *Pedreira das Almas*, de Jorge Andrade, e O *Refém*, de Brendan Behan.

Foi então que se aventurou na direção. Durante o terceiro ano na escola, dirigiu os colegas em *Os Reencontros*, de Arthur Adamov, O *Manuscrito*, de Moisés Baunstein, e o *Novo Inquilino*, de Eugene Ionesco.

Minhas primeiras direções foram de desconstrução. Ionesco, Adamov, não dão mensagens construtivas. Mostram a incomunicabilidade entre os seres. Era o teatro de denúncia do homem robotizado, da perda de identidade. A literatura dramática que me interessou foi a literatura mais moderna. Naquele momento, eu não estava muito interessado em Molière, Racine, Shakespeare.

Mas no último ano na escola de teatro ele teve uma experiência que mudou radicalmente sua experiência como ator. Foi com o diretor Antunes Filho, na montagem de *A Falecida*, de Nelson Rodrigues. Sendo *sartreano*, como ele se qualificava na época, adorou o contato com a obra de Nelson Rodrigues:

É uma obra em que a luta entre Deus e o Diabo transita o tempo todo. As personagens estão sempre no conflito entre o bem e o mal. Quando fiz A Falecida, *aquilo falava muito comigo. Dizia-me muito aquele mundo em que as pessoas viviam entre a paz celestial e o desespero da possessão. Eu conhecia bem aquele clima de Lapa de Baixo, de ruas tristes, de pessoas suburbanas e ansiosas. A montagem do Antunes não tinha "carioquismos". Ele encenava Nelson Rodrigues como um autor universal, deixando o regionalismo em segundo plano.*

Na distribuição de papéis, coube-lhe fazer o Pimentel, um conquistador de subúrbio, um verdadeiro cafajeste. Nos primeiros ensaios, Celso tinha vergonha de fazer os gestos grosseiros que o personagem pedia, mas, com Antunes como diretor, começou a gostar de interpretar aquele sujeito tão diferente. Ele, para quem o sexo era um ritual a ser praticado ao som de Bach, tinha que se pôr na pele do Pimentel, um homem que possui mulheres em banheiros de padaria.

Agora, ele já morava sozinho num pequeno apartamento no centro, com as paredes pintadas de vermelho e preto em homenagem a Stendhal, um anjo barroco que comprou sob inspiração do filme *O Eclipse* de Antonioni e outras referências culturais. Mas nem por isso deixou de viver o Pimentel: a mudança de pele o agradou e o fez sentir, pela primeira vez, uma experiência mais profunda do que seria representar. Depois de Antunes, só Grotówski, mas isso ainda teria que esperar um pouco.

Celso concluiu o curso da Escola de Arte Dramática em 1965. E, como a confirmar que o dr. Alfredo tinha razão de dizer que *teatro é duro*, dos 40 aprovados, apenas quatro alunos se formaram naquela 15ª turma: Aracy Souza Sobrinho, Neusa Maria Chantal, Jesus Padilha e Celso Nunes.

Enfim, a vida profissional. Corria o ano de 1966. Durante os três anos que Celso passou na escola de teatro, o país sofreu uma reviravolta total. O golpe de 64, que depôs o presidente João Goulart, gerou perseguições, mandatos parlamentares cassados, partidos políticos extintos, garantias constitucionais suspensas. Havia uma ditadura militar instalada, uma sucessão de atos golpistas que a maioria dos alunos da Escola de Arte Dramática acompanhava à distância. Primeiro, por uma certa dose de desinformação, porque a verdade é que a imprensa em geral implorara a intervenção militar para impedir o *caos* do governo Goulart. Depois, porque o dr. Alfredo não admitia a participação político-partidária dos alunos e exigia que a EAD fosse um território neutro, um espaço apolítico onde imperava, soberana, a arte do teatro. Nem por isso a escola se limitava aos clássicos da dramaturgia mundial e montou, pela primeira vez no Brasil, autores como Kafka, Beckett, Ionesco, Jarry, Albee, Pinter, entre outros. Nem por isso também autores como Bertolt Brecht e García Lorca deixaram de ser estudados nos programas de história do teatro, e até mesmo uma peça como *Eles Não Usam Black-tie*, de Gianfrancesco Guarnieri, que tem como tema uma greve operária e coloca no palco a luta de classes, constava do programa do curso de teatro brasileiro.

Naquele início do regime militar, outros assuntos atraíam a atenção do jovem estudante de teatro e embalavam seus sonhos: a música da Jovem Guarda, dos Beatles e dos Rolling Stones, cantores como João Gilberto, Maysa, Elvis Presley, Joan Baez, a *nouvelle vague* francesa e o cinema novo de Glauber Rocha, a arte pop de Andy Warhol, os vários modelos de beleza feminina como as atrizes Audrey Hepburn e Anouk Aimée, a modelo Veruschka, a cantora Françoise Hardy, a descoberta da obra de Picasso...

Quando saiu da escola, Celso já se sentia muito mais um diretor que um ator. Ainda assim, nesse ano de 1966 participou de uma montagem grandiosa, polêmica (e desastrosa) de *Júlio César* de Shakespeare no Teatro Municipal de São Paulo e do Rio de Janeiro. Grandiosa porque, produzida por Ruth Escobar, já então uma *expert* na captação de recursos financeiros, contava com a direção de Antunes Filho, cenários de Wladimir Cardoso, figurinos de Maria Bonomi e um elenco de grandes nomes, como Juca de Oliveira, Aracy Balabanian, Glória Menezes, Raul Cortez, Sadi Cabral e Jardel Filho. Polêmica porque a produtora resolveu utilizar a tradução de Carlos Lacerda, um dos principais conspiradores do golpe militar de 64 e odiado pela classe teatral. E literalmente desastrosa, porque, além de o espetáculo não agradar ao público, durante as apresentações ocorreram quedas de atores e acidentes de todo o tipo.

Celso ainda participou como ator da montagem de *A Alma Boa de Set-Suan*, de Brecht, na companhia Maria Della Costa, mas sua principal atividade naquele ano foi na direção.

Nesse ano de 1966, ele trabalhou com dois grupos estudantis. O primeiro era formado por suas alunas no Colégio Notre Dame du Sion, com o qual montou o *Auto da Alma,* de Gil Vicente, que ele considera seu primeiro sucesso de público e o primeiro alvo da fúria da crítica: as freiras do colégio ligaram para o dr. Alfredo Mesquita, que o indicara como professor, para reclamar de que ele tinha *carregado nas tintas* do inferno. Não era para menos. A peça terminava com as diabinhas (*aquelas meninas lindinhas e riquinhas do Sion*) cantando *Quero que vá tudo pro inferno*, do Roberto Carlos. A platéia cantava junto com elas, e os pais se horrorizavam.

O segundo grupo com que ele trabalhou naquele ano foi o Teffi, Teatro-Escola da Faculdade de Filosofia de Santos, com o qual encenou *A Falecida*, de Nelson Rodrigues, trilhando seu trabalho de diretor sobre a direção de Antunes filho, realizada na EAD. No Teffi, ele conheceu jovens estudantes que mais tarde viriam a se firmar na carreira profissional e dos quais ele se tornaria amigo, como Ney Latorraca, Jandira Martini, Neyde Veneziano e Carlos Alberto Soffredini. Era a semente de seu trabalho com grupos experimentais, que mais tarde viria a se aprofundar com a criação do Teatro Macário e do Pessoal do Victor, grupos formados com seus ex-alunos na Escola de Arte Dramática.

Com isso, o ano de 1966 chegava ao fim e trazia um prêmio maravilhoso: uma bolsa de estudos concedida pelo governo francês para um estágio de seis meses de especialização teatral em Nancy. Em 16 de novembro, ele embarca para a França, onde permaneceria não apenas seis meses, e sim três anos, uma experiência tão importante que merece um capítulo à parte. Mas, antes, vale dizer que, ao partir, ele já havia conhecido Regina Braga, uma jovem estudante de teatro que iria encontrá-lo em Nancy e com quem se casaria em 1970.

Capítulo VI

Europa, França e... Grotówski

A ida para a França resultou, de certa forma, do enorme sucesso da montagem de *Morte e Vida Severina* pelo Tuca – Teatro da Universidade Católica de São Paulo. Uma adaptação do poema de João Cabral de Melo Neto, musicada por Chico Buarque, o espetáculo dirigido por Silnei Siqueira alcançara tal sucesso no Festival de Teatro Mundial de Nancy e na apresentação no Teatro Odéon, em Paris, que o governo francês ofereceu duas bolsas para estudantes brasileiros na área de teatro.

Celso se candidatou, juntando cartas de apresentação de pessoas importantes, professores da EAD, mas, para ele, a maior influência foi a carta de Silnei Siqueira, porque a bolsa era para a cidade de Nancy, justamente onde o Tuca vencera o festival.

Nesse período de sua vida, os ventos sopraram a seu favor, porque o diretor do Centre Universitaire International de Formation et de Recherches Dramatiques de Nancy era Jacques Lang, que depois ocuparia o Ministério da Cultura no governo Mitterrand e que por muitos anos seria uma figura proeminente no cenário político-cultural da França.

Já naquela época, Jacques Lang levava para Nancy grandes mestres da pesquisa teatral da atualidade, nomes de destaque como H. Aulotte, Denis Bablet, J. Marie Villegier, Bernard Dort ou Gianfranco de Bosio. As aulas teóricas eram ministradas na Faculdade de Letras e Ciências Humanas da Universidade de Nancy, e os cursos práticos, na sede do centro de pesquisas ou em abadias da região, reformadas para receber grupos de alunos pesquisadores.

Foi nesse primeiro estágio em Nancy que Celso conheceu um artista excepcional, que teria um papel fundamental em sua vida, e não apenas na sua arte: Jerzy Grotówski. Convidado por Jacques Lang, o diretor polonês, que no ano anterior alcançara um espantoso sucesso com sua montagem antológica de O *Príncipe Constante*, de Calderón de la Barca, foi convidado a dar um curso de formação de atores.

O que levou Celso para o curso foi principalmente o fato de não falar bem francês até então. Sendo um curso de exercícios corporais, permitia ao aluno trabalhar no idioma do seu próprio país e era, portanto, mais acessível a quem estava na França há pouco mais de um mês do que o curso sobre Corneille e o classicismo, que ele fazia na Faculdade de Letras. Ele penava com o aprendizado do francês e o estudo de textos clássicos, como as obras completas de Molière, *Ilusão Cômica*, de Corneille, ou *Phedra*, de Racine.

Celso quase nada sabia de Grotówski. Pouco depois, já conhecendo o seu trabalho, passaria a idolatrá-lo.

Não tenho dúvida de que Grotówski é a fonte dessa vertente étnica desenvolvida por Peter Brook, Arianne Minouchkine, Eugenio Barba. Foi ele quem, abrindo mão do teatral/literatura, colocou a questão da sonoridade primeira das palavras. Em lugar da fala literária, optou por apresentar suas pesquisas sobre o grito primal em substituição à linguagem articulada.

Grotówski tira seu material de pesquisa de sociedades primitivas, mas sua preocupação é com a civilização ocidental contemporânea, que, para ele, eliminou o sagrado de suas artes cênicas e, com isso, as empobreceu, não só tecnicamente, mas também no conhecimento essencial da humanidade. Ele transcende a superficialidade dos temas contemporâneos e prefere usar temas clássicos para concentrar a atenção sobre a essência da humanidade. Por meio desse processo, acredita que o teatro poderá recuperar sua função de arte coletiva.

Então, foi num gelado mês de fevereiro de 1967 que Grotówski mostrou a Celso o caminho do ser. Antunes tinha passado raspando, mas não chegara tão perto do núcleo. Grotówski ia dentro da pessoa, e logo percebeu onde estavam as questões de Celso como intérprete. Ele, por sua vez, estava tão deslumbrado a ponto de permitir que o mestre polonês o virasse pelo avesso e lhe mostrasse novos caminhos do aprendizado: vasculhar em si mesmo, sem folhear um livro, sem aprender uma fórmula artística. Era nisso que o mestre acreditava: *Não quero descobrir algo novo, mas algo que está esquecido. Algo que é tão antigo que todas as distinções entre gêneros estéticos perdem o sentido.*

Com Grotówski, diz Celso, você tinha que se entender consigo mesmo, tinha que descobrir onde estavam seus limites, seus bloqueios, e trabalhar em cima disso.

Grotówski chegou a Nancy absolutamente preparado para esse ensino. Levava com ele grandes atores do Teatro Laboratório da Polônia, entre eles Ryszard Cieslak, desde 1960 o nome mais emblemático e o ator mais carismático do grupo. Ele era o instrutor de Grotówski. Enquanto Grotówski teorizava e observava os alunos em trabalho, Cieslak era quem mostrava como realizar determinado movimento que o aluno não conseguia executar por algum bloqueio de ordem psicotécnica, porque às vezes havia mesmo um impedimento fisiológico, porém, muitas vezes, a restrição era de natureza psicológica, e o aluno ficava bloqueado por medo, vergonha, timidez.

Quando enxerguei isso, não podia mais negar: meu problema era eu. Até então, eu vivia achando que meus problemas estavam na pobreza dos meus pais, na minha vida de cachorro lá na fábrica, nas minhas dificuldades, enfim. Eu vi que eu era o meu problema e tinha que trabalhar com isso. Quando esse processo começou, foi maravilhoso. Quando uma pessoa está consigo mesma, é difícil ela se corromper em atividades que não constroem o homem e não o levam para um verdadeiro progresso. Passei a entender que progresso não é pintar o quarto de vermelho e preto e mostrar que é pra frente, como eu fazia; progresso não é ter o equipamento de som de última geração; progresso não é vencer na vida, como meus pais acreditavam. Quando um jovem é levado a fazer um curso apenas para arranjar um bom emprego, começa a sua destruição, não há saída. Não é para ter um bom emprego que alguém tem de aprender alguma coisa. E só fui perceber isso em 1967 (já com 25 anos!), em meu primeiro estágio com Grotówski. Por isso, a ele sou e serei grato por toda a minha vida.

E o resultado do trabalho do Grotówski com a platéia?

Segundo Celso, era perturbador, estranho, exótico, bastante incompreensível enquanto comunicação pela palavra, porém muito compreensível quanto ao clima que ele conseguia criar. A opção dele sempre foi criar envolvimento entre espetáculo e público. As platéias eram pequenas, mas o efeito tinha que ser devastador. A encenação tinha que provocar uma revelação.

A pessoa tinha que sair do teatro modificada. Se saísse dali e fosse comer uma boa pizza, se o espetáculo fosse discutido em volta de uma rodela de mussarela, é porque ele tinha falhado. Ao deixar a sala, o público deveria estar totalmente alimentado.

Para usar um termo dos anos 1960, o que Grotówski fez com Celso foi um verdadeiro *desbunde*.

O suplício que sempre fora sentir-me exposto no palco cedeu lugar ao prazer de enfrentar novos desafios no entendimento da arte teatral. O que Grotówski propunha mantinha o intérprete tão empenhado no ato da criação que não lhe dava a oportunidade de sentir-se observado pelo público. O próprio palco, enquanto espaço separado da platéia, também já não existia. Ficavam todos juntos, público e artistas, envolvidos pelo mesmo prazer, o de perceber do que é feita uma alma.

Essa nova percepção da arte do ator o fez desejar muito ser ator, tanto que se candidatou a uma bolsa de estudos em Bratislava para continuar trabalhando com o mestre. E só não foi para a Polônia por uma razão de política internacional. Em dezembro de 1968, o governo militar brasileiro impôs o AI 5, ato institucional que fechou o Congresso e extinguiu todas as liberdades individuais. Era a ditadura sem disfarces. Em conseqüência disso, o Brasil cortou relações diplomáticas com os países do Leste Europeu. Celso recebeu uma carta de Grotówski aceitando-o como aluno no Teatro Laboratório, mas advertindo-o de que ficasse atento a problemas de ordem diplomática, porque o governo polonês exigiria uma contrapartida do governo brasileiro, ou seja, teria que enviar um estudante de qualquer área para o Brasil. Como não havia nenhum intercâmbio entre Brasil e Polônia, Celso teve que abrir mão de ir para Bratislava, mas não desistiu. Passou a perseguir os cursos de Grotówski pela Europa.

Primeiramente, foi em Aix-en-Provence, depois em Londres e finalmente em Paris. Em Nancy, o estágio tinha sido de três semanas. Nas outras cidades, durou cerca de um mês e meio. Celso lamenta ter perdido um primeiro estágio que ele deu para a companhia de Peter Brook em Paris, antes de apresentar *O Príncipe Constante.* Brook ainda vivia e trabalhava na Inglaterra, e em 1966 tinha montado um espetáculo violentamente lindo, ou lindamente violento, sobre a guerra do Vietnã, chamado *US*. O título era forte e sugestivo, porque US, além de ser a sigla para United States, significa *nós*. Era um espetáculo anti-norte-americano, feito na Inglaterra, e denunciava a omissão dos ingleses diante do ataque norte-americano ao Vietnã.

Cada estágio oferecido por Grotówski era diferente, na medida em que as pessoas eram diferentes, mas seguia um esquema básico. Havia uma semana inicial de embasamento, onde o mestre expunha os princípios do trabalho. Mas desde o primeiro dia ele já obrigava o aluno a se enfrentar. Depois de uma palestra longa de três a quatro horas, realizada à tarde, no dia seguinte, às sete da manhã, em ponto, o aluno tinha que estar pronto, só de sunga, qualquer que fosse a temperatura, já com o café da manhã tomado e feito o aquecimento. Entrava numa sala, onde trabalhava sem nenhuma supervisão durante três horas.

A sunga e o trabalho solitário tinham um propósito. Descalço e com um mínimo de roupa, o ator tinha os movimentos livres, e seu corpo podia ser detalhadamente observado pelo orientador durante os exercícios. E a solidão matinal não significava isolamento ou alienação. Levava o praticante a se libertar de suas limitações e, em silêncio, se concentrar em si e no trabalho que precisava ser feito. Não era portanto um estado passivo, mas um estado ativo e criativo, que preparava para a ação. A concentração visava atingir os níveis interiores mais profundos, onde reina o silêncio criativo. Nesse sentido, era uma experiência espiritual. Mas, por paradoxal que pareça, a solidão cria laços com as pessoas. Quanto mais profundamente mergulhamos no nosso interior e nos abrimos para os valores espirituais, mais se fortalecem os relacionamentos com os outros seres.

Depois da primeira semana, Grotówski pediu aos alunos que preparassem uma cena. Na época, Celso estava namorando uma bailarina dinamarquesa, June, que também fazia o curso. Os dois se propuseram a uma improvisação de vontade e contravontade, de exploração espacial e, para isso, escolheram a cena do balcão de *Romeu e Julieta*, de Shakespeare. O único elemento cênico era um tapete persa de cerca de 2 m x 2 m. Não havia nenhum adereço ou figurino, senão o próprio corpo. Ele usava apenas uma sunga; ela, camiseta e calcinha. Ela ficava restrita aos limites do tapete; ele, querendo e não podendo penetrar no quarto da amada, simbolizado pelo quadrilátero do tapete. Nessa motivação de querer entrar e ser repelido, ele iniciou um movimento corporal que foi logo captado pelo mestre. Grotówski escolheu aquele movimento como *leitmotiv* e o incitou a trabalhar muito tempo sobre ele.

No final do estágio, voltaram a essa improvisação. E, pela primeira vez, ele teve a experiência de perder a noção de si, de entrar numa esfera de ser onde a realidade exterior desaparece. Percebendo sua disposição de entrar ritmicamente num processo ritualístico, Grotówski passou a acompanhar a estranha dança com palmas e gritos. Celso chegou a perceber que os colegas fecharam um círculo à sua volta, gritando e batendo palmas. Daí para a frente, perdeu a consciência da realidade, como num transe. Só sabe que se tornou puro movimento. Quando tudo terminou, ele estava caído ao chão, sangrando muito pelo nariz, por causa da força da respiração, e June muito assustada a seu lado. Jacqueline, uma amiga, lhe estendeu um lenço para que ele pudesse limpar o sangue. Era um lencinho feminino, decorado com motivos lisérgicos, que ele guardou durante muitos anos. (Mais uma vez, o olhar para os pequenos detalhes...)

Já nesse primeiro contato, foi uma experiência modificadora para ele, como para muitos outros que tiveram a oportunidade de aprender com o mestre. O trabalho exigia concentração, duração – quando dançavam, o faziam durante horas – e precisão. O gesto tinha que ter a precisão de um símbolo. Enquanto essa precisão não fosse atingida, a pesquisa não terminava.

Quem se pode dar ao luxo de dedicar tanto tempo a essa longa busca da precisão? Lina Wertmuller, que antes de dirigir seus próprios filmes foi colaboradora de Federico Fellini, conta que, em *8 e 1/2,* o diretor italiano era capaz de mobilizar toda uma equipe de filmagem durante horas para conseguir poucos segundos de edição. Numa cena, levou horas até conseguir que a atriz fizesse um simples gesto: colocar o dedo na alça entre as duas lentes dos óculos e empurrá-la para o lugar certo enquanto piscava um olho. A busca era a perfeição. Como trabalhava em um registro autobiográfico, Fellini sabia exatamente como devia ser executado aquele gesto que estava registrado em sua memória. Outro não servia. Horas de rodagem para obter segundos de edição! Assim também era Grotówski no teatro na busca da perfeição do gesto.

Hoje, depois de décadas de experiência como diretor, Celso tem uma visão diferente sobre essa busca da precisão:

Por ser pragmático, nem sei se quero entrar numa experiência de ficar ensaiando dois anos para chegar a um resultado que, pelo meu crivo de diretor, seja o resultado que aprovei para mostrar ao público. Sou mais comunitário. Tenho confiança nos outros. Acredito que entre ator e platéia existe uma alquimia tão forte que esses signos muito precisos acabam funcionando como um bloqueio dessa alquimia. Eles atuam como um cabresto.

Depois do terceiro estágio com o mestre polonês em Paris, Celso perdeu o contato com ele. Mas os ensinamentos do mestre calaram fundo e, aliados às lições de Stanislávski, o habilitaram a desenvolver um processo psicofísico de preparação, que acabou resultando em sua dissertação de mestrado apresentada à Escola de Comunicações e Artes da USP em 1982, intitulada *O Treinamento Psicofísico na Formação do Ator.*

O treinamento psicofísico é um excelente caminho, porque, além de preparar o ator para encarnar personagens de diversos tipos, foge ao naturalismo. Além de preparar a cabeça do ator para a criação – e não só ensiná-lo a se comportar como personagem, sentar-se bem em cena, caminhar com elegância, etc. –, o treinamento prepara o ator para si mesmo. Ele passa a querer dizer coisas, mais do que se comportar. Por incrível que pareça, mesmo sendo um treinamento do corpo, não é comportamental, quer dizer, é avassaladoramente espiritual. Através do trabalho físico, o ator atinge a via da criação, a espiritualidade do homem, a sutileza da arte. Do corpo ao gesto, do gesto à expressão; em suma, do denso ao sutil.

Na Sorbonne (Paris): segundo da esq.: Improvisação Coletiva sob direção de June Mansfield

Capítulo VII

Paris e o Maio de 1968

O ano de 1967 já ia a meio e Celso sentia que só havia conhecido uma amostra do que o teatro moderno poderia lhe oferecer. Seu desejo era permanecer na Europa, e mais uma vez, com muito esforço e alguma sorte, os ventos sopraram a seu favor. Durante o estágio em Nancy, ele havia realizado um trabalho de pesquisa teórica sobre *A Visita da Velha Senhora*, de Friedrich Dürrenmatt, comparando duas montagens da peça: a do Piccolo Teatro de Milão e a do Teatro Cacilda Becker, um dos últimos espetáculos a que ele assistira no Brasil antes de partir para a Europa. Foi um trabalho de fôlego, que resultou num dossiê de umas 50 páginas, escritas em francês, e mereceu uma apreciação favorável do orientador, professor Denis Bablet, que a encaminhou para publicação no Centre National de la Recherche Scientifique. O CNRS publicava excelentes pesquisas – chegou a publicar, inclusive, um dossiê completo sobre a montagem de *Morte e Vida Severina*, do TUCA. A recomendação de Bablet valeu a Celso uma transferência para Paris, onde foi aceito no Institut d'Etudes Théâtrales da Sorbonne, que era dirigido por Bernard Dort. No instituto, Celso completou sua formação teórica e obteve o grau de bacharel.

Mas ele sentia falta do fazer teatral. Os cursos do instituto eram de altíssimo nível, mas totalmente teóricos. Estudava-se muito, mas fazia-se pouco teatro. Por isso, simultaneamente aos cursos do Instituto, ele se inscreveu na Université Internationale du Théâtre, uma instituição não-governamental associada ao ITI – Instituto Internacional de Teatro. Ali, entre 68 e 69, ele trabalhou como ator, pesquisador, animador cultural e diretor.

A essa altura, Celso já tinha um relacionamento firme com a jovem atriz Regina Braga, que também estudava em Paris, onde o casal iria viver uma das mais ricas experiências da sua geração: o Maio de 68.

Descontentes com a disciplina rígida, os currículos escolares e a estrutura acadêmica conservadora, estudantes de Paris organizam protestos e ocupam a Universidade de Nanterre. Em face da decisão da reitoria de fechar a faculdade, a Sorbonne abre suas portas para os alunos de Nanterre. Liderados por Daniel Cohn-Bendit e Tiennot Grumbach, os estudantes armam barricadas no Quartier Latin, bairro dos intelectuais. Em 6 de maio ocorre o confronto entre 13 mil jovens e a polícia. Os policiais lançam bombas de gás lacrimogêneo e os estudantes respondem com paralelepípedos arrancados do leito das ruas e *slogans*: *É Proibido Proibir*!

A Imaginação no Poder!

O resultado são carros danificados e incendiados, uma violenta repressão da polícia e mais de mil feridos.

Mas a revolta não é apenas estudantil, nem localizada. Os acontecimentos em Paris fazem parte de um movimento maior de contestação que ocorre em vários países do Ocidente. Jovens estudantes e trabalhadores protestam contra a situação do pós-guerra e as ocupações imperialistas. Nos Estados Unidos, surge o movimento *hippie* e forte oposição à Guerra do Vietnã. No Brasil, há manifestações estudantis, de artistas e de trabalhadores contra o regime militar instalado no poder desde 1964.

Celso e Regina estavam no palco da ação: a Universidade de Paris. Não podiam deixar de participar, mas para eles a situação representava um perigo adicional. Como bolsistas do governo francês, se fossem presos e identificados, perderiam a bolsa e seriam imediatamente colocados na fronteira.

Mas isso não aconteceu e Celso pôde continuar seus estudos. Em 1969, paralelamente ao seu último período na Sorbonne para a obtenção do grau de bacharel, ele realiza o terceiro e último ciclo no estágio de criação artística na Universidade de Teatro.

Nesse período, passou a trabalhar como diretor. Sua primeira direção de destaque ocorreu no ateliê de teatro latino-americano, sobre um texto venezuelano, *El Látigo de Papel*. O autor, Ramon Lameda, era ator e palhaço em sua terra natal. O texto original, uma farsa, tinha um título interessante, mas seu duplo sentido só era entendido na América Latina. Chamava-se *Los Tres Sobre Ella*. "*Ella*" era a América Latina, disputada por três poderes. Na França, chamou-se *Le Fouet de Papier*, o chicote de papel, símbolo de uma forma de dominação que podia ser destruída. Para a platéia francesa, o tema não tinha sentido. Era uma história para ser contada na América Latina, mas aqui, com as ditaduras, jamais seria permitida.

Um grande sucesso nesse ano foi sua montagem de *O Canto do Fantoche Lusitano*, de Peter Weiss, um texto alemão que resultou num espetáculo bilíngüe sobre a ditadura e a política colonialista de Portugal. Apresentado no teatro da cidade universidade, o espetáculo atraiu um grande público. Era uma montagem despojada, que, além do elenco, do texto e das canções, mostrava apenas um enorme fantoche. Celso optou por construir o fantoche sem nenhuma semelhança com Salazar, o ditador português: um monstrengo de sucata de ferro de uns quatro metros de altura que os atores manipulavam. Uma curiosidade é que o fantoche foi fabricado

Théatre da La Cité (Paris) O Chicote de Papel, de Ramón Lameda

na oficina de serralheria do sogro de um dos atores, que viria a se tornar um conhecido diretor do teatro francês: Didier Besace.

Assim, chega ao fim o ano de 1969, e com ele a temporada de Celso e Regina na Europa. Era tempo de voltar para o Brasil, aonde viriam ao encontro de uma ditadura que se tornava cada dia mais repressiva e violenta, de muitas dificuldades e... de muito sucesso.

Théatre da La Cité (Paris) O Canto do Fantoche Lusitano, *de Peter Weiss*

Capítulo VIII

1970: Um Ano Muito Especial

O ano de 1970 foi talvez o mais marcante de sua vida. Nesse ano, Celso se casa com Regina Braga e lança a semente de uma família, que se completaria com dois filhos: Gabriel, nascido em 1972, e Nina, em 1973. Nesse ano, ele inicia sua carreira de professor na Escola de Arte Dramática – EAD e na Escola de Comunicações e Artes da Universidade de São Paulo – ECA-USP, pela qual receberia título de mestre, em 1982, e de doutor, em 1989. Nesse ano, ele fez cinco direções e ganhou todos os prêmios pelo conjunto de trabalhos. Dito assim, até parece impossível conseguir tudo isso em 12 meses. Vamos ver como foi.

O primeiro convite para dirigir veio de um contemporâneo da EAD, Luiz Carlos Arutin, que pretendia inaugurar uma nova sala no Teatro de Arena de São Paulo. O Areninha, como foi chamado o novo teatro, era uma sala pequena, que só comportaria um espetáculo de pequenas proporções.

Cheguei da Europa muito grotowiskiano. *Queria fazer teatro para dez pessoas. Por isso, o espaço do Areninha era ideal e o texto do Lafayette Galvão tinha possibilidades interessantes.*

A peça, *Um, Dois, Três de Oliveira Quatro*, estreou em abril, tendo no elenco, além do autor, Chico Martins e Luiz Carlos Arutin. A crítica foi muito favorável. Como escreveu Jefferson del Rios na *Folha de S. Paulo*, não se tratava de *um draminha existencial, nem uma história piegas sobre os infortúnios de um inocente. É uma denúncia e um alerta.* Segundo Sábato Magaldi, crítico e professor de teatro, *a encenação é inteligente, clara, precisa, e admira o rendimento que alcança dos atores.* Nada mal para uma primeira direção profissional.

O mesmo Sábato Magaldi, que havia sido seu professor na EAD, foi quem o convidou a fazer parte do corpo docente da ECA-USP, na cadeira de direção teatral. Nesse mesmo semestre, ele passa também a dar aulas de interpretação para os alunos do terceiro e último ano da EAD. Suas duas turmas, reunidas, formariam o elenco de *As Bacantes*, de Eurípedes, apresentado como exame público no final do ano. Eram quase 30 atores e atrizes iniciados nos ritos de Dioniso depois de um ano de treinamento psicofísico, um método que Grotówski desenvolveu a partir de dois pontos aparentemente contraditórios formulados por Stanislávski (a memória emotiva e o método das ações físicas), e que associa técnica exterior e via interior.

Alunos da EAD SP, durante a representação da As Bacantes, *de Eurípides*

O trabalho com *As Bacantes* já continha temas que o iriam interessar ao longo da carreira: os mitos pré-cristãos, a descoberta de si em estados alterados de consciência, o antagonismo entre Apolo e Dioniso, que tomaria a forma do conflito entre Id e Superego em sua famosa montagem de *Equus*, de Peter Shaffer, ou entre repressão e libertação pelo prazer, que seria retomado no espetáculo *Escuta, Zé*, inspirado na obra de Reich.

No embate criado por Eurípedes entre Apolo e Dioniso, entre instinto e razão, as mulheres tebanas são atraídas para a floresta para participar dos ritos dionisíacos. Quando Agaue, a rainha de Tebas, tomada pela vertigem do vinho e da dança, comete o ato terrível... *(No momento em que recordo a experiência, da qual participei, percebo que, passados mais de 30 anos, ainda tenho gravado na memória corporal o choque da água caindo sobre a minha cabeça quando Agaue volta à consciência e percebe que, no transe, havia sacrificado o próprio filho.)*

Os ritos de Dioniso, nos quais o sacrifício visava ao bem coletivo, catalisavam a violência numa comunidade por intermédio de um herói. Dioniso era o deus que simbolizava esses ritos, e também representava a subjetividade desvairada e as forças inconscientes, que não devem ser desprezadas.

Nesse mesmo ano, foi o conhecimento de Grotówski que propiciou a Celso o contato com o Grupo Casarão e acabou resultando num espetáculo alternativo de enorme sucesso: *O Albergue.* O Grupo Casarão, constituído em parte por integrantes do Centro Acadêmico XI de Agosto, da Faculdade de Direito do Largo São Francisco, foi à Comissão Estadual de Teatro pedir uma *oficina de Grotówski*, de quem nada sabiam. Por isso, pediram Grotówski como se pede uma receita. Como Celso era praticamente o único que conhecia o assunto, lá foi ele.

O grupo era heterogêneo: além dos estudantes de Direito, incluía um artesão, uma faxineira, uma argentina casada com um publicitário e até moradores de rua. O nome vinha da sede do grupo, um casarão quase em ruínas no centro da cidade, condenado pelo traçado da nova Avenida 23 de Maio. Quase um cortiço, a casa era cheia de pequenas salas, sem o espaço necessário aos exercícios de liberação de agressividade, corridas, quedas em colchões, saltos – tudo o que o treinamento nos moldes de Grotówski exigiria. Mas Celso não podia voltar atrás, porque a oficina era oficial, patrocinada pela Comissão Estadual de Teatro.

Então, comecei a trabalhar com o que tínhamos. E aí se tornou uma atividade Grotówskiana, um teatro realmente pobre. Resolvemos fazer um espetáculo sobre a população de rua. Alguns dos membros do grupo dormiam na casa. Entre eles havia o Douglas, que vendia artesanato na Praça da República, o Almir, que vivia na rua, e Dona Helena, uma faxineira que só podia ensaiar porque vinha no ônibus em que o marido era cobrador e não pagava a passagem.

Essa realidade o inspirou a fazer da casa, e do espetáculo, um albergue. Durante o processo de criação, os atores faziam-se passar por indigentes para serem recolhidos ao albergue municipal e ter a experiência de um albergado. Cada um se aproximou da vida da rua a seu modo: a argentina foi *rodar bolsinha* numa praça até ser presa como prostituta. Outro foi vender artesanato sem licença; e outros entravam no albergue como estudantes de direito. Com as diferentes visões do albergue, de dentro e de fora, o espetáculo foi criado.

Eram cenas toscas, porque feitas com recursos improvisados, mas de grande força poética. Não havia um texto perfeitamente articulado. Alguns atores escreviam seus depoimentos, eu trabalhava com eles a redação e depois improvisávamos a interpretação em cima desses textos. Outras cenas eram fruto de dinâmica do grupo, depois de improvisações extraídas de imagens da paisagem da indigência urbana.

À beira de um viaduto, na aridez do centro de São Paulo, situava-se o casarão onde funcionava o *albergue*. Para ser admitido, o público descia por uma escada, tropeçando nos corpos de mendigos-atores espalhados pelos degraus, até chegar a uma minúscula sala de espera, onde seria feita a triagem e escolhidos os *albergados* daquela noite. Depois de algum tempo naquela saleta abafada, onde era forte o cheiro de suor, fezes e vômito, os espectadores eram conduzidos para dentro do albergue.

Eis como José Possi Neto, que à época estava concluindo a Escola de Comunicações e Artes e que depois viria a se tornar o excelente diretor de teatro que todos conhecem, descreve a experiência na revista *Palco & Platéia*:

Um menino com cara de enfermeiro indigente, mal-humorado, exige o silêncio das pessoas da sala para que o albergue seja aberto. Esse silêncio é difícil de ser conseguido, e vem em seu auxílio Irmã Severina, a responsável pelo albergue. Gritando histérica e neuroticamente, ela obtém o silêncio e introduz os albergados da noite em grupos de seis, mostrando-lhes sob a luz de um farolete as privadas do albergue e o caminho para o dormitório. Em meio à sujeira e à promiscuidade total, encontramos já um número de albergados espalhados pelo chão, tomamos nosso lugar e esperamos novas ordens. Todos os lugares tomados, Irmã Severina enxota os restantes sob vaias e protestos. Todo o cerimonial de ambientação foi exercido, começam então os depoimentos que o Grupo Casarão colheu entre os indigentes.

Os depoimentos transmitiam o horror da situação dos indivíduos reais dos quais tinham sido extraídos, obrigando o espectador a se defrontar com algo que, pela sua força emocional, o chocava e despertava sua compaixão, mas, ao mesmo tempo, sua revolta.

Depois de umas poucas apresentações, o espetáculo começou a chamar a atenção. Filas se formavam à porta do casarão. Mas, assim como atraía a atenção do público, podia atrair a da polícia. Na época, era obrigatória a censura prévia, pela qual se obtinha um certificado, o que aquele espetáculo não possuía. A repressão era violenta. Se alguém da censura ou algum militar entrasse à paisana no casarão, estariam todos enrascados. Sem certificado de censura, a segurança de todos estava em risco. Por isso, resolveram suspender a temporada.

Mas os dois espetáculos de maior projeção ainda estavam por vir. Desde 1968, Fernando Torres e Maurício Segall tinham recuperado o edifício histórico do Teatro São Pedro, em São Paulo, que estava em vias de ser demolido, e o reinauguraram com uma excelente programação de música e teatro. Em 1970, abriram uma nova sala no andar superior do edifício e o denominaram Studio São Pedro. Para inaugurar a nova sala, constituíram um grupo que era uma mescla de atores jovens e mais experientes, todos talentosos, e decidiram testar o sistema de repertório com duas peças: *A Longa Noite de Cristal*, de Oduvaldo Vianna Filho, e *O Interrogatório*, de Peter Weiss.

O texto de Vianinha mostra os bastidores da televisão ao contar a história de Cristal, um famoso apresentador da era do rádio que os interesses da emissora de TV conseguem destruir como ser humano. Mas o tratamento que o grupo deu à peça não agradou ao autor, provocando um fato raro, se não inédito, no teatro brasileiro: a declaração pública do grupo de que a encenação não agradara ao autor. No programa do espetáculo, eles contam que Vianinha discordou do tratamento dado à peça e se justificam: *O espetáculo é produto da criatividade coletiva de um grupo, liderado por seu diretor, Celso Nunes, e solidamente ancorado no texto do nosso Vianinha. Pouquíssimo foi adicionado ou cortado do original. É claro que se deu vazão à imaginação, mas nunca uma imaginação desligada do texto. E, sobretudo, nenhuma preocupação em adotar clichês, em* padronizar o espetáculo. *Ao contrário, a base do trabalho foi o* vale-tudo *da imaginação e da sensibilidade artística. Vianinha discorda do resultado. Para ele, o espetáculo submerge, empobrece e adultera o sentido da peça. Para nós, que cumprimos a função de criar sobre um texto, a divergência ocorrida é sinal de sua riqueza. Ao público, a última palavra.*

Celso tem uma explicação para a *crise estética* da montagem de *A Longa Noite de Cristal*:

É evidente que pássaros do mau agouro foram soprar nos ouvidos do autor, lá no Rio de Janeiro, o clima livre de trabalho do Studio São Pedro. Eu vinha de um profícuo trabalho em mim mesmo, iniciado com a minha entrada na EAD e coroado com experiências obtidas em cursos em Paris (entre as quais se inclui o de Grotówski) e viagens pela Grécia e Oriente Médio. Quer dizer que os dez anos que separam o Celso de 1962 do Celso de 1972 foram decisivos para a minha pessoa. Os dez anos de novas experiências de vida vividos entre os 20 e 30 anos de idade podem ser determinantes na formação de uma personalidade. Aprendi a gostar da independência, da liberdade de expressão, do direito sagrado de ser. Mesmo não querendo, isso brigava com as mentes que sempre precisaram de uma bandeira para se afirmar. Eu era o antibandeira, norte-americana ou russa. Caíram matando em cima de mim.

O espetáculo, que estreou a 11 de setembro de 1970, tinha cenários de Tullio Costa e contava com Beatriz Segall, Fernando Torres, Renato Consorte, Lafayette Galvão, Sylvio Zilber, Jonas Mello, Abraão Farc, Zanoni Ferrite, Jandira Martini, Regina Braga e Almir Leite, quase o mesmo elenco que, a 6 de novembro, estrearia o maior sucesso daquele ano, *O Interrogatório*.

No final de 1970, o país atravessava o período mais violento da repressão. Sob a presidência do

A Longa Noite de Cristal: *treinamento atores, Studio São Pedro, Jonas Mello e Renato Consorte*

A Longa Noite de Cristal: *Jonas Mello e Fernando Torres, com Silvio Zilber sentado*

A Longa Noite de Cristal: Jonas Mello e Fernando Torres, com Celso ao fundo

general Médici, o fechamento dos canais de participação política levou a esquerda a optar pela luta armada e pela guerrilha urbana. O governo respondia com mais repressão e com uma intensa propaganda, aproveitando a euforia com a vitória na Copa do Mundo de Futebol. *Brasil, ame-o ou deixe-o* era o *slogan* da campanha governamen-

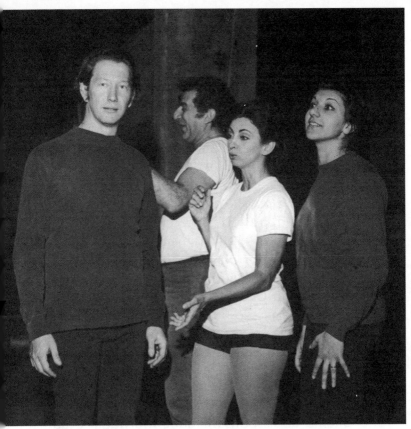

A Longa Noite de Cristal: Silvio Zilber, Renato Consorte, Beatriz Segall e Jandira Martini (ensaio Studio São Pedro)

tal. A esquerda retrucava com outro *slogan*: *O último a sair apaga a luz.* O endurecimento político, entretanto, foi mascarado pelo chamado *milagre econômico*, com um crescimento extraordinário do PIB e o surgimento de uma nova classe média com alto poder aquisitivo.

Já para os militantes de esquerda, era o terror da prisão arbitrária e da tortura. Maurício Segall era militante de esquerda desde 1950 e, após o golpe de 1964, estava envolvido na luta política, principalmente no auxílio aos perseguidos e ameaçados de exílio. Com o AI-5, sentiu a necessidade de fazer algo mais. Então, decidiu se ligar à ALN, um grupo que aderiu à luta armada. Sua missão era sobretudo fornecer apoio logístico. Naquele ano de 1970, justamente quando o grupo ensaiava o *Interrogatório*, Maurício foi preso e, depois de torturado nos diversos *aparelhos* repressivos da Obam e do Dops, condenado a dois anos de prisão. Pode-se imaginar o clima de insegurança que dominou os ensaios e que não se dissipou até a estréia.

Nesse momento da história do país, o espetáculo ganhou uma contundência ainda maior. O dilema da responsabilidade individual e da responsabilidade coletiva estava posto, e não só no Tribunal de Frankfurt, cenário do espetáculo, onde, entre 1963 e 1965, foram julgados diversos carrascos do campo de extermínio de Auschwitz. Sem pronunciar uma única vez as palavras "Alemanha" ou "nazismo", o texto mostrava como era possível a aceitação silenciosa de uma doutrina racista, como se pode chegar à institucionalização da tortura e do extermínio, como, *em nome de* slogans *patrioteiros e bélicos, em nome de uma segurança e reconstrução econômica, era possível anestesiar as consciências individuais, tornando todos cúmplices dos monstruosos crimes praticados por um pequeno número de executantes em nome da pátria,* como dizia o programa do espetáculo. Qualquer semelhança não era mera coincidência.

Era um espetáculo duro, diz Celso. *Aliás, acho que nem era um espetáculo. Era um berro, um grito de alerta, uma denúncia sufocada pela monotonia do tempo e sufocante por mostrar a verdade. É um texto imprescindível, que os homens escreveram, a história registrou e Peter Weiss transpôs para o teatro, na forma de um oratório em onze cantos. É teatro-documento, vivo, atual e atuante.*

O espetáculo recebeu da Associação Paulista de Críticos Teatrais – APCA, os prêmios de melhor espetáculo, melhor direção, melhor ator coadjuvante (Zanoni Ferrite), atriz revelação (Regina Braga) e menção honrosa ao Studio São Pedro pela formação do grupo. Ficou um ano em cartaz em São Paulo e depois foi montado no Rio de Janeiro, com produção de Fernanda Montenegro e sua presença no elenco – e um sucesso ainda maior.

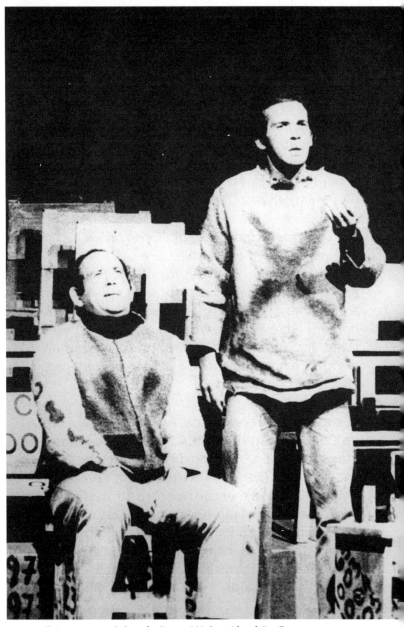

O Interrogatório, de Peter Weiss: Abrahão Farc e Zanoni Ferrite

O Interrogatório, de Peter Weiss: Zanoni Ferrite Almir Leite e Abrahão Farc

O Interrogatório: cenário de Túlio Costa

O Interrogatório: *Celso como ator*

Capítulo IX

Anos de Chumbo

Tudo começou com Peter Weiss. Primeiro, foi a montagem de *O Canto do Fantoche Lusitano*, ainda em Paris. Depois, no ano da volta ao Brasil, *O Interrogatório*. Fosse na política colonialista portuguesa, fosse na institucionalização da tortura e do extermínio humano nos campos de concentração nazistas, estava presente uma força contra a qual a arte vem se batendo ao longo dos séculos: a repressão. Era um tema que ainda iria provocar, orientar e permear vários outros espetáculos que Celso dirigiria ao longo de sua carreira.

Um ano depois da estréia de O *Interrogató-rio*, Celso propôs aos alunos do terceiro ano de interpretação da Escola de Arte Dramática um texto que conhecera em Paris. Escrito por Dimítri Dimitriadis, um estudante grego na França, *O Preço da Revolta no Mercado Negro* contava as conseqüências da visita de uma rainha imaginária e seu filho a uma escola de teatro. Enquanto os alunos de arte dramática, surpreendidos pela inesperada visita, tentam organizar uma ingênua apresentação, fora do prédio os estudantes de outras áreas começam a se manifestar contra o governo. Pressionada,

Na década de 70

a rainha inicia um discurso violento em que se desmascara e revela quanto o seu governo é repressivo. Desafiadora, convoca os aparelhos de repressão, que entram em choque com os estudantes e os dispersam com violência. No embate, um estudante é morto.

A peça havia estreado numa casa de cultura em Paris em 1968, logo depois do movimento estudantil de maio. A posição da rainha era uma referência à atitude do presidente De Gaulle, que durante a revolta se refugiou num sítio e, enquanto uma verdadeira guerra civil paralisava o país, declarou que ficaria no poder mesmo com o apoio do exército.

Se o espetáculo despertou tanto interesse em Paris, podemos imaginar a comoção que foi sua apresentação no *campus* da USP em 1971. Reconhecendo a existência de uma guerra revolucionária no país, o governo militar tentava conter os opositores com medidas repressivas extremamente violentas. Em maio daquele ano, um militante de esquerda, Stuart Edgard Angel Jones, fora preso por agentes da repressão, amarrado à traseira de um jipe, com a cabeça próxima ao cano de descarga, e arrastado pelo pátio da base aérea do Galeão, no Rio de Janeiro, até a morte. Em setembro, o capitão Lamarca, líder de um grupo revolucionário, fora perseguido e morto no sertão da Bahia.

Foi nesse clima de terror que Celso propôs uma montagem de grande força dramática. Montado no próprio palco da ação, uma escola de arte dramática, o espetáculo foi realizado na clandestinidade, sem passar por nenhuma das duas censuras obrigatórias. Contando com uma certa proteção do isolamento do *campus* universitário e com o aval das duas diretorias, da ECA e da EAD, o espetáculo era feito não só pelos alunos de interpretação, que se encarregaram dos personagens, mas também por muitos estudantes de outros cursos, que faziam a manifestação fora do prédio. Esses estudantes, descontentes também com a universidade, gritavam e atiravam tantas pedras contra o prédio que quebraram os vidros do pavilhão onde a escola funcionava. Era esse o clima quando a rainha fazia o discurso final,

Pavilhão B9 – EAD SP – O Preço da Revolta no Mercado Negro, *de Dmítri Dmitriades*

dizendo que não abriria mão de sua soberania. Então, depois que um estudante era assassinado, o cadáver era trazido à cena coberto com a bandeira brasileira, numa repetição do enterro do estudante Edson Luis, morto num embate com a polícia em 68, um fato ainda muito presente na memória coletiva dos estudantes. Era uma cena de forte apelo emocional. Na platéia, alguns começaram a cantar o Hino Nacional, outros permaneceram dentro da sala, chorando, como se num velório simbólico.

A encenação foi repetida umas poucas vezes, sem divulgação pública, para não despertar a ira dos órgãos da repressão, mas ficaria na lembrança de muitos dos que tiveram a oportunidade de participar dela, como atores ou espectadores.

Capítulo X

As Crianças no Poder

Contra a opressão, a rebeldia. Contra a hipocrisia, a ironia. Contra a ordem estabelecida, com seus falsos valores, seus clichês, uma obra iconoclasta e subversiva. *Victor ou As Crianças no Poder* é um texto de Roger Vitrac, poeta e dramaturgo francês, surrealista de primeira hora.

Na Paris do início do século 20, Victor faz nove anos. É um menino especial, da altura de um adulto, muito esperto e inteligente. Nesse dia, festa de seu nono aniversário, Victor, não suportando a burrice e a hipocrisia da família e de todos os que o cercam, resolve denunciar as falsidades, revelar os segredos, apresentando a todos um espelho deformado de sua ridícula condição. É uma crítica radical à ordem estabelecida, particularmente à família burguesa. Victor não respeita ninguém e vai desmascarando todo o tipo de poder estabelecido. Começa pelo poder materno, passa ao poder paterno e, numa cena, inverte totalmente os papéis e coloca um general de quatro, a lhe servir de cavalinho. Era o símbolo da ordem e do poder reduzido a joguete de um menino sarcástico.

Victor ou As Crianças no Poder: *Iacov Hillel e Isa Kopelman (de costas Elisa Martins)*

Essa foi uma cena memorável na montagem brasileira, que pretendia literalmente colocar *as crianças no poder*, como dizia o título. Em 1974, ainda, durante a ditadura, essa era a ordem estabelecida desde 64 e contra a qual se lutava. O espetáculo foi montado com os alunos da EAD, coroando um curso de três anos de interpretação. Em 1972, Celso abriu mão de dirigir os alunos do último ano, como vinha fazendo, e propôs pegar os alunos do primeiro ano e acompanhá-los durante todo o curso. No primeiro ano, trabalhou com eles um teatro de identificação pessoal, com base no método Stanislávski. No segundo ano, passaram à posição oposta e trabalharam com Brecht. Primeiro, o teatro da empatia; depois, o teatro do estranhamento (que naquela época chamávamos de *distanciamento)*. No terceiro ano, com total liberdade de escolher qualquer texto da dramaturgia mundial, Celso propôs o texto de Vitrac. A idéia era sair do realismo: então optaram pelo surrealismo, que produziu poucas obras dramáticas, mas, por outro lado, muito instigantes. Mas, até que a turma aceitasse a opção pelo surreal, foi necessária uma boa dose de persuasão do diretor, porque a maioria estava encantada com Brecht e queria encená-lo. A decisão acabou de revelando acertada. A montagem foi um grande sucesso, dentro e fora do *campus*, quando foi convidada a se apresentar na

Bienal de São Paulo e participou de um festival de teatro universitário em Palermo, na Itália.

Daí em diante, o grupo se profissionalizou com o nome de Pessoal do Victor, que teve entre seus fundadores, além do diretor, os atores Adilson Barros, Paulo Betti, Eliane Giardini, Marcília Rosário, Reinaldo Santiago, Waterloo Gregório, Iacov Hillel e Márcio Tadeu, que, segundo o diretor, *mostrou um brilho extravagante no papel de Victor, um acerto absoluto entre ator e personagem*. Como outros grupos formados na década de 1970, o Pessoal do Victor funcionava em sistema cooperativo de produção. Durante cerca de uma década, o grupo apresentou outras montagens sob a direção de Celso.

Escuta Zé!, de Wilhelm Reich: Zenaide Silva e João Maurício de Carvalho

Capítulo XI

O Libelo contra a Repressão

Chamam-te Zé Ninguém!, o Homem Comum e, ao que dizem, começou a tua era [...] Para ti, a tua dignidade catedrática, a tua conta no banco [...] significam mais que a verdade e o conhecimento. E é por isso que és medíocre e desgraçado, Zé Ninguém. [...] Continuarás através dos séculos a seguir embusteiros e energúmenos, cego e surdo ao apelo da VIDA, A TUA PRÓPRIA VIDA. Porque tu temes a vida, Zé Ninguém, e a destróis na crença de que o fazes em nome do socialismo, ou do Estado, ou da honra nacional, ou da glória de Deus. Há algo, no entanto, que não sabes ou não queres saber: que és tu que geras a tua própria miséria [...] que não entendes teus filhos e tu próprio lhes partes a espinha antes de terem sequer uma oportunidade de desenvolver-se; que devoras o amor; que és avaro e ávido de poder...

Palavras fortes. Raiva vomitada. Um lúcido desabafo. Assim é o libelo que Wilhelm Reich (1897-1957) escreve em 1946. De formação médica, com estudos no campo da biologia, da sexologia e da psicanálise, considerado o pai das terapias corporais, Reich sempre provocou enormes controvérsias com seu trabalho. Incompreendido pela esquerda e amaldiçoado pela direita, durante toda a vida foi vítima de perseguições por seu pensamento inconformista e autenticamente revolucionário – uma independência que lhe custou a prisão, nos Estados Unidos (por incrível que possa parecer), onde acabou morrendo de uma crise cardíaca em 1957.

Celso teve o primeiro contato com a obra de Reich em 1975, durante a montagem de *Equus*, de Peter Shaffer, um estudo sobre a cegueira e seus mitos. Em 1977, Marilena Ansaldi o procurou, com a intenção de um trabalho conjunto. Bailarina de formação clássica que começava a se enveredar pelo teatro-dança com sucesso, Marilena queria criar um espetáculo sobre um poema que escrevera depois de ler *Escuta, Zé Ninguém*, de Reich.

Era um belo poema, mas impossível de transpor para a cena. Disse isso a Marilena, que imediatamente tirou o livrinho do Reich da bolsa e me apresentou o texto que a provocara com tal força a ponto de motivá-la a montar um espetáculo sobre ele. Li o texto ali mesmo, durante a próxima hora, e fiquei fascinado. Era um libelo em prol da libertação do homem comum. Deixava claro que não adianta o homem esperar por reformulações vindas de cima. Tem que lutar por si mesmo e buscar sua libertação. No momento que todos fizessem isso, alguma alteração seria notada no plano social. O homem que espera que a sociedade mude para se beneficiar da mudança está atrasando o processo histórico. Ele tem que promover mudanças em si de modo a contribuir para uma mudança social.

A partir desse momento, a idéia o conquistou. Celso começou a imaginar maneiras de levá-la à cena. Foi então que propôs apresentar ao espectador os dois lados da equação: o provocador e a resposta à provocação. Aí Reich foi chamado à cena, e Rodrigo Santiago para encarná-lo. O autor-personagem foi colocado dentro de uma cela de prisão, de onde lançava suas provocações ao Homem Comum, Marilena, que lhe respondia com trechos de seu poema. Mas apenas um Zé Ninguém não daria ao público a idéia da coletividade, e atores-bailarinos foram convidados a integrar o elenco.

Um ponto alto era a deslumbrante coreografia que Marilena criou para *Libertango*, de Astor Piazzolla, escolhida por Celso como música-tema do espetáculo por tudo o que continha de repressão e libertação em seus compassos. Até que ao final, vestidos de terno e gravata, exaustos de tanta repressão e tentativas de libertação, os atores se desnudavam, enquanto Reich desvairava na cadeia.

Era o início da cura e da libertação. Na platéia, durante dois anos, milhares de "Zés Ninguém" participaram da catarse. Afinal, lá fora o clima ainda era de repressão. Parece que o conhecimento de si mesmo dá à pessoa certa autonomia que põe em risco certas ideologias que precisam de uma fenda no ser para enraizarem o engajamento. Como já acontecera em *A Longa Noite de Cristal*, com *Escuta, Zé* também houve algum patrulhamento ideológico, para o qual Celso tem uma explicação:

Acho que o traço principal do perfil cultural dos anos de 1970 no eixo Rio–São Paulo foi dado por uma tensão atroz, resposta que a consciência do artista dava à ação de dois pólos opressores, cada um pressionando à sua forma. Ambos tinham como suporte os limites à liberdade de expressão. De um lado, os militares cerceavam qualquer ideologia contrária à sua – uma ideologia obscura, facistóide e fatal. De outro lado, a inteligentzia *de esquerda, reprimida, tentava manter sua ideologia, policiando de forma mais discreta (mas nem por isso menos violenta) a produção cultural e artística, por meio de canais da imprensa escrita, da literatura, do cinema, da música popular e do teatro e da manipulação da política de distribuição das parcas verbas que se destinavam à cultura brasileira. Isso gerava aquela situação desconfortável que caracteriza todo regime totalitarista: os artistas ficavam entre o "ame-o ou deixe-o" da direita e o "se hay gobierno, soy contra" da esquerda, e tinham que tomar partido.*

A Patética, de João Chaves: Ewerton de Castro e Bete Mendes

Capítulo XII

Do Tamanho da Nossa Dor

Ainda seriam precisos mais alguns anos para que a situação política começasse a mudar. Desde 1974, quando sucedeu o general Médici no poder, o general Geisel anunciara uma *distensão lenta, gradual e segura* do regime autoritário em direção à democracia. Talvez a gente não imaginasse que seria tão lenta e tão gradual. E segura, só se foi para eles, porque para o lado de cá não havia segurança alguma. Ainda em 1974, o partido de oposição, o Movimento Democrático Brasileiro – MDB, ganha as eleições parlamentares. Os militares contrários à abertura política, conhecidos como *linha-dura,* reagem. Aumentam os casos de tortura nos cárceres militares e, em outubro de 1975, o jornalista Vladimir Herzog é assassinado numa cela do DOI-Codi, em São Paulo. Não querendo admitir a tortura e a morte, o II Exército divulga a notícia de que o jornalista havia se enforcado na cela.

É esse fato vergonhoso de nossa história recente que João Ribeiro Chaves Netto, cunhado do jornalista morto, conta em *A Patética,* texto premiado no concurso nacional de dramaturgia promovido pelo Serviço Nacional de Teatro em outubro de 1977. Entretanto, os órgãos de segurança confiscaram o texto, impedindo que o autor recebesse o prêmio, uma verba para a montagem.

Após dois anos, em 1979, é aprovada a Lei da Anistia e os exilados políticos começam a voltar ao país. A virada de 1979 para 1980 marca o chamado *verão da abertura*, trazendo um clima de liberdade. Finalmente, João Ribeiro Chaves pode receber o prêmio por *A Patética* e pensar numa montagem, que só veio a ocorrer em 1980, quando Celso conseguiu a liberação da peça junto à censura e pôde mostrar ao público *o tamanho da nossa dor*, como disse Jefferson Del Rios na sua crítica para a *Folha de S. Paulo*.

O texto acompanha momentos decisivos da trajetória de Herzog. Nascido em Osijsk, na Iugoslávia, Herzog era filho de uma família judia que fugiu para o Brasil em busca de liberdade e acabou se deparando com métodos nazistas. Mas, como os tempos ainda eram de metáforas, os terríveis acontecimentos se passam num circo decadente, onde o jornalista assume o personagem de um palhaço.

Apesar das imperfeições na estrutura dramática, considero A Patética *uma reportagem primorosa sobre a história do Brasil no período. Os fatos ocorrem dentro de um circo decadente, que toma a proporção da cultura popular esfacelada pela ditadura. Era o primeiro texto do João. Não sei se ele chegaria a se tornar o grande autor que prometia ser, já que morreu precocemente. De qualquer forma, foi um autor de forte intuição, que serviu de canal para uma história que precisava ser contada. Uma história escrita com muita coragem e uma sinceridade absoluta.*

Essa admiração que Celso tem por João Ribeiro Chaves se estende à sua irmã, Clarice Herzog. Símbolo da resistência, modelo para todas as famílias de presos e desaparecidos políticos, Clarice lutou anos para provar na Justiça que o marido tinha sido assassinado, um processo contra a União que ela acabou vencendo em 1981. A vitória foi comemorada numa noite muito especial. Era a noite de gala da entrega do Prêmio Molière de teatro. A *Patética* recebera três prêmios: melhor autor, para João Ribeiro Chaves Netto; melhor ator, para Ewerton de Castro, que viveu o jornalista morto; e melhor diretor para Celso Nunes. No palco, João e Celso dedicaram o prêmio a Clarice, que estava presente. Foi uma comoção na platéia, e uma justa homenagem a uma coragem cantada em versos: *Choram Marias e Clarices*, no solo do Brasil...

Essa montagem também marca a única parceria entre Celso e um dos maiores cenógrafos do teatro brasileiro: Flávio Império.

A Patética, de João Chaves: Ronivaldo Pereira, Ewerton de Castro, Abrahão Farc, Bete Mendes, Eurico Martins e Lílian Lemertz

A Patética, de João Chaves: Antonio Petrin e Lílian Lemertz

A Patética, de João Chaves: Antonio Petrin e Lílian Lemertz

Celso sempre quis trabalhar com Flávio e lembra de uma cena ocorrida em 1977, que teve como cenário o Teatro Ruth Escobar, em São Paulo, onde estava sendo apresentado o espetáculo *Escuta, Zé,* que Celso dirigira. Flávio ia todas as noites ao teatro, porém nunca entrava para assistir ao espetáculo. Numa noite, enquanto a peça corria lá dentro, Celso o encontrou sentado nos degraus da entrada do teatro.

– Um dia a gente precisa fazer algum trabalho juntos – começa o Flávio.

– *Seria maravilhoso* – diz Celso. – *Mas você nem assistiu à minha peça.*

– *Não preciso* – retruca Flávio – *Já sei como é. É tudo preto e branco. Você é todo preto e branco.*

Celso riu com a provocação e se sentou ao lado dele na escada.

– *Pra que é que eu vou entrar lá dentro?* – continuou o Flávio. – *Olha essa lua. É muito melhor ficar aqui, olhando o luar, do que ver essas coisas que você põe aí dentro desse teatro.*

Os dois continuaram ali sentados, olhando a lua, que, magnífica, se mostrava por trás dos prédios. Celso se sentiu desafiado a trabalhar com ele, o que finalmente ocorreu na *Patética*. Quando Flávio aceitou fazer os cenários e figurinos, advertiu, relembrando a conversa de alguns anos antes:

– *Eu quero trabalhar com você, mas só vou fazer os figurinos do circo. Com o resto, você se vira. Tudo o que for branco e preto é por sua conta.*

Foi uma explosão de cores, para espantar os anos de chumbo.

Capítulo XIII

De Camões a Shakespeare

Porto de Lisboa. Do Museu das Janelas Verdes, situado no alto de uma colina, avistam-se o delta do Tejo e o porto, onde estão atracados os navios que em breve devem partir para a África, levando centenas de jovens portugueses para a guerra das colônias. As pequenas alamedas que descem em ziguezague do museu em direção ao porto estão cobertas de um manto negro: são centenas de mulheres totalmente vestidas de preto, que gritam e choram como carpideiras gregas a partida dos filhos para a guerra colonial.

Presenciada em 1968, quando Celso estava em Portugal com uma bolsa da Fundação Calouste Gulbenkian para fazer um curso de férias de português superior na Faculdade de Letras da Universidade de Lisboa, a cena ficou indelevelmente gravada na memória do jovem estudante. Em 1972, quando Celso foi convidado pela atriz e produtora Ruth Escobar para dirigir um espetáculo sobre *Os Lusíadas* de Camões, a cena voltou ao consciente com toda a sua força dramática. Era evidente a relação entre os lamentos das mães portuguesas e as maldições que, no início do poema, o Velho do Restelo lança contra a vã cobiça que movia as aventuras marítimas do século 16.

A montagem de *A Viagem*, título que a adaptação de *Os Lusíadas* recebeu no Brasil, pretendia ser uma homenagem ao poeta português no ano do sesquicentenário da nossa independência, quando o presidente de Portugal, Marcelo Caetano, viria ao Brasil para as comemorações. Na verdade, desde que sucedera ao ditador Salazar, Caetano herdara uma guerra generalizada em quase todas as áreas coloniais: um conflito sem sentido nem perspectivas que consumia o orçamento do Estado e condicionava a vida toda do país. Só em 1974, após a Revolução dos Cravos, em 25 de abril, iniciou-se o processo de descolonização. Em julho daquele ano, foi aprovada pelo Conselho de Estado a lei que reconheceu a independência dos povos da Guiné, de Angola e de Moçambique. Portanto, em 1972, quando *A Viagem* estreou, a guerra colonial ainda era uma pedra no sapato do presidente português.

Com essa idéia em mente, a equipe de criação – formada, além do diretor, pelo adaptador e poeta Carlos Queiroz Telles, pelo cenógrafo Hélio Eichbauer, pelo maestro Paulo Herculano e pela coreógrafa Marilena Ansaldi – decidiu que o espetáculo se iniciaria na Idade Média (metaforicamente representada, no espaço do Teatro Ruth Escobar, pelo porão), com a determinação autoritária da Igreja e do Estado de que as naus tinham que partir. Ali, nas escadas que levavam ao piso superior, Celso refez a cena das mães desesperadas com a partida dos filhos para a guerra.

Assim que as naus partiam, sob a maldição do Velho do Restelo, o público abandonava as trevas da Idade Média e subia as escadas para a amplidão espacial do Renascimento, conduzido pelo elenco, que cantava um lindo trecho do poema magistralmente musicado pelo maestro Paulo Herculano: *Cesse tudo o que a Musa antiga canta, que outro valor mais alto se alevanta...*

A conquista dos mares pelos portugueses simboliza o domínio do homem sobre a natureza, característica tipicamente antropocêntrica e, portanto, renascentista. Daí por diante, o público acompanharia toda a aventura dos descobridores, as intempéries simbolizadas pelo gigante Adamastor, o encantamento das Nereidas, que seduziam os marinheiros, levando-os para o fundo das águas, o escorbuto que dizimou a tripulação, a escala em Melinde, na África, até a chegada a Calicute, nas Índias. Toda a viagem era monitorada e abençoada pelos deuses do Olimpo, que, pendurados do teto, manipulavam o destino dos homens.

Embora delimitada geograficamente no poema, a viagem de Vasco da Gama às Índias aconte-

cia também como um encontro do navegador consigo mesmo. Era então que o ator que o interpretava era suspenso do teto e sua figura se inscrevia num círculo, como a imagem do Homem Vitruviano *de Leonardo da Vinci. Esse já era então um tema muito meu, o ser em harmonia, a descoberta de si.*

Mesmo que a beleza textual do poema não tenha sido revelada em toda a sua grandeza, a montagem superou essa lacuna. Como disse o crítico Sábato Magaldi, *o espetáculo atinge o público porque foram mobilizados todos os charmes para envolvê-lo através dos sentidos.*

O próximo passo no universo do teatro clássico não demoraria a acontecer. Em 1973, a convite de Paulo Autran, Celso montou *Coriolano*. Afinal, a montagem de *A Viagem* deixara evidente a facilidade do diretor para trabalhar com grandes massas de atores. A idéia não poderia deixar de interessá-lo: além de ser uma obra de Shakespeare, e das menos encenadas, mostra o povo como massa de manobra a serviço dos interesses do Estado. Ao contrário de outros textos de Shakespeare, que se focam em guerras intestinas, problemas conjugais, lutas de poder no âmbito da nobreza, *Coriolano* focaliza o embate entre dois exércitos, o romano e o volsco, e a maneira como os chefes de Estado manipulam o povo com discursos e promessas.

Coriolano, de *William Shakespeare*: Paulo Autran, Jorge Chaia, Luiz Serra e Antonio Petrin, entre outros

Isso me interessava muito em 1973. O povo brasileiro vinha sendo manipulado pelos sucessivos governos da ditadura militar e, no início dos anos 1970, estava sendo cooptado pelo ufanismo do ame-o ou deixe-o e por um desenvolvimentismo fascista. Frente a essa ditadura, o texto fazia muito sentido. Mas seria preciso ter um arauto de dentro do sistema. Foi o que aconteceu: capitaneado por Paulo Autran, o tema teve imensa penetração junto ao público, num momento que se falava quase sempre por metáforas.

Além de Paulo Autran, o elenco contava com a presença de uma grande dama do teatro, Madame Henriette Morineau, atriz francesa radicada no Brasil desde o início da década de 1940.

Em cena era uma atriz na tradição do teatro retórico francês, uma figura imponente, forte, uma verdadeira mãe imperatriz. Fora de cena, era mulher muito doce, que desenvolvera certos dons espirituais e fazia curas com a imposição das mãos. Ajudava os colegas a eliminar tensões, dores de cabeça. Uma pessoa adorável.

Uma década mais tarde, Celso voltaria a dirigir um Shakespeare, dessa vez uma das peças mais cobiçadas por atores e diretores: *Rei Lear*, a tragédia da ambição. Durante seu curso de pós-graduação na ECA-USP, Celso estudara a tragédia shakespereana, o que lhe deu um embasamento teórico, mas o que abriu caminho para sua visão do espetáculo foi a releitura do ensaio literário de Jan Kott, *Shakespeare, nosso contemporâneo*. O crítico, ensaísta, tradutor e poeta polonês Jan Kott (1914-2001) analisa as peças do dramaturgo inglês à luz da experiência política e filosófica do século 20. Ao traçar a conexão entre as tragédias do bardo inglês e o dramático cotidiano da sociedade moderna, ele mostra por que Lear encontra uma leitura fácil nos tempos atuais.

Rei Lear, de William Shakespeare: Yara Amaral e Ariclê Perez - ensaio

O convite para dirigir partiu do ator Sérgio Brito, que naquele ano de 1983 estava fazendo 60 anos e quis se dar o Lear de presente. O elenco contava com nomes de grande prestígio no teatro: Yara Amaral, Ariclê Perez, Fernanda Torres, Ney Latorraca, José Mayer, Paulo Goulart, Ari Fontoura, Roberto Frota, José de Freitas, Luis Otávio Burnier, entre outros. A produção era do Teatro dos Quatro, companhia carioca da qual Sérgio fazia parte e que havia produzido o grande sucesso da temporada no ano anterior e talvez o espetáculo de maior repercussão entre todos os que Celso dirigiu: *As Lágrimas Amargas de Petra von Kant*, estrelado por Fernanda Montenegro.

Capítulo XIV

Psicanálise Involuntária

No fim da década de 60 e início da de 70, Celso teve uma aluna na Escola de Comunicações e Artes que viria a se tornar uma grande amiga. Amália Zeitel, uma mulher muito culta que amava o teatro. Era grande admiradora de Celso, mas vivia dizendo que ele devia fazer terapia, porque a análise daria uma outra dimensão ao seu trabalho de direção. Ele nunca se animou a aceitar o conselho, até que em 1975 decidiu fazer uma espécie de psicanálise via teatro.

Amália lhe trouxe da Inglaterra uma peça a que tinha assistido lá e que a impressionara profundamente. Fez uma primeira tradução do texto e o entregou a Celso, dizendo que ele deveria pensar em montá-lo.

O texto era *Equus*, de Peter Shaffer, que estava em cartaz em Londres com um ator que nos anos seguintes ficaria conhecido mundialmente: Anthony Hopkins. Como a peça ainda não tinha estreado na Broadway, tampouco havia sido lançado o filme, que teve Richard Burton no papel do psiquiatra, o texto era desconhecido no Brasil. Entusiasmado, Celso levou a idéia a Paulo Autran, que aceitou fazer o papel. Organizada a produção, por um grupo de amigos que constituíram a produtora Difusão, começaram a ensaiar, agora com uma tradução mais elaborada de Amália Zeitel e Jacó Guinsburg.

A peça narra a relação de um médico psiquiatra e seu paciente, um rapaz de 17 anos que trabalhava numa cocheira e que havia furado os olhos de seis cavalos com um estilete de metal. A princípio o rapaz não quer falar e propõe um acordo: a cada pergunta que responder, o médico deverá responder a uma pergunta sua. A partir daí, o espectador vai recebendo pedaços de informações. e ficamos sabendo que a mãe do garoto era muito religiosa e dera ao filho uma imagem do Cristo, que o pai, ateu, substituíra furiosamente pela foto de um cavalo, com enormes olhos em primeiro plano. Não é difícil suspeitar que o cavalo e o Cristo tenham se tornado uma coisa só na mente do rapaz. Mas, à medida que vamos desvendando a doença, revela-se também a alma atormentada do médico. O processo de cura de um provoca uma profunda crise no outro.

O espetáculo fez uma temporada de grande sucesso em São Paulo, com excelentes interpretações de Paulo Autran e Ewerton de Castro, depois de Ednei Giovenazzi e Ricardo Blat. No ano seguinte, com nova produção e com Rogério Fróes no papel do psiquiatra, o espetáculo estreou no Rio de Janeiro, onde alcançou igual sucesso.

Equus, de Peter Shaffer, em SP: Paulo Autran e Ewerton de Castro

Entretanto, ao contrário do que aconteceria 15 anos depois, na montagem de *A Vida de Galileu*, a relação entre Celso e Paulo Autran não foi um mar de rosas. O ator se queixava de que a direção o deixava muito nas laterais do palco, na penumbra, e o acusava de ter mais paixão pelo personagem do menino do que pelo psiquiatra.

Além da oportunidade de estudar a teoria do Grito Primal, de ler a *Função do Orgasmo* e os textos em que Reich fala da respiração, Celso acha que essa reclamação de Paulo o fez encarar outros aspectos e lhe trouxe um esclarecimento sobre si mesmo: *Você não gosta do psiquiatra, mas é apaixonado pelo garoto.*

Era verdade: eu tenho uma natureza que combina muito mais com quem tem uma paixão do que com quem confessa não ter nenhuma. Eu me identificava com a relação de prazer do menino com a natureza, com os cavalos. Uma cena foi especialmente difícil de dirigir: a cena em que o rapaz não consegue fazer sexo com a namorada e diz ouvir o resfolegar do cavalo. Era confuso. Minha mulher estava no papel da namorada e o Paulo achava que eu me projetava no garoto. Aquilo me obrigou a entender comigo mesmo. O Paulo era assim, ele sempre te solapava, estava sempre te checando, e eu gostava disso, porque ele não fazia isso de uma forma grosseira.

Para Celso, quando o menino sente a respiração do cavalo, está sob jugo de uma espécie de entidade. Ele tem que desmistificar aquele cavalo, tem que destruir aquele mito para poder libertar-se. Está totalmente subjugado pelo mito da potência, pela idéia de força, de beleza, de liberdade. Tudo isso ele não tem em casa. Ele está dividido entre

Equus, de Peter Shaffer, em SP: Regina Braga, Aldo Leite, Abrahão Farc e Ewerton de Castro

Equus, de Peter Shaffer, no Rio: (atrás) Ana Lúcia Torre, Luiz Pedutto, Celso, Monah Delacy, Rogério Fróes, Antonio Patino, Betina Viany, Luiz Carlos Buruca, D'Artagnan Jr., (no chão) Chico Medeiros, Almir Telles, Ricardo Blat, David Pinheiro, Bibi Viany, Sérgio Rangel, Arthur Monteiro de Barros

um pai comunista que o faz olhar para a matéria e uma mãe que o faz olhar para o espírito. E essa era outra dicotomia que Celso entendia muito bem, por tê-la vivido na sua formação familiar.

Por outro lado, com o médico ele não tinha quase identificação.

O psiquiatra entra em crise porque constata que vive uma vida sem paixão. Com isso ele não se

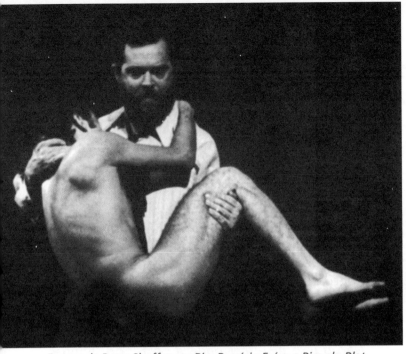

Equus, de Peter Shaffer, no Rio: Rogério Fróes e Ricardo Blat

identificava mesmo, porque tinha uma violenta paixão pelo teatro. Era uma coisa avassaladora. Depois de dar quatro horas de aulas na ECA pela manhã, de trabalhar com os alunos da EAD à tarde, ensaiava no teatro até tarde da noite. Depois ia jantar com o elenco e, quando chegava em casa, em vez de dormir, abria um livro de teatro em alemão, língua da qual não conhecia uma palavra, só para ver fotos de cenários, de figurinos, desenhos de luz. Era uma obsessão. Das suas paixões, foi a mais duradoura.

Evidentemente, a experiência de *Equus* não passou em branco na sua carreira, porque revelou-lhe um ponto crucial no fazer artístico: o do prazer. O diretor percebeu claramente que, quando não havia prazer, todas as velhas ideologias que ele achava que o moviam não eram suficientemente fortes para o deixarem satisfeito com a obra que dirigia.

Será que ele estava se tornando um diretor hedonista? É importante que se diga que vivíamos os primeiros anos da década de 1970, e que liberdade era uma possibilidade remota para as artes por causa da ditadura militar instalada no país.

Não quero justificar nada a posteriori, apenas registrar que o período pedia formas de liberação, de desrepressão, de novas possibilidades de vôo para as artes cênicas. Era uma tendência que se confirmou com os vários espetáculos que tangenciavam o tema, como Hair, Lição de Anatomia, Los Lobos, Cemitério de Automóveis, O Arquiteto e o Imperador da Assíria, A Viagem, Escuta Zé... Sexo e prazer podiam ser um caminho para atingir a liberdade.

Capítulo XV
A Comédia (ou Tragédia?) do Casamento Burguês

A dramaturgia de língua alemã deu a Celso as melhores oportunidades para revelar seu talento de diretor de atores. Primeiro foi com Friedrich Dürrenmatt (1921-1990), em *Seria Cômico se Não Fosse Sério*, título com que foi apresentada no Brasil a peça *Play Strindberg*, de 1969.

Em 1973, Celso foi convidado por Fernanda Montenegro e Fernando Torres, com os quais já trabalhara na montagem carioca de O *Interrogatório*, a dirigir essa deliciosa comédia satírica inspirada em *A Dança da Morte,* de August Strindberg. Como indica o nome original, o texto é uma *brincadeira* para três atores que se revezam num jogo entre verdade e mentira. A metáfora do jogo é enfatizada pela divisão da ação em 12 *rounds* de uma luta de boxe. Nas palavras do próprio autor, *da tragédia do casamento burguês desenvolve-se uma comédia sobre as tragédias do casamento burguês.* Segundo ele, na era nuclear, é por intermédio da comédia que o trágico se torna visível.

Sem a vivência dos europeus dos textos de Strindberg, o elenco precisou partir do que inspirara Dürrenmatt. Por isso, Celso propôs um estudo

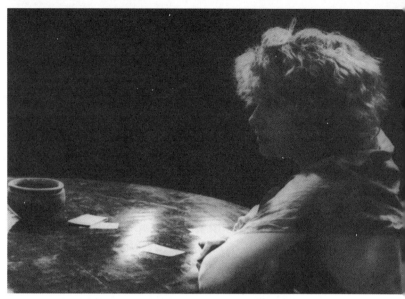

Seria Cômico se Não Fosse Trágico, de Friederich
Dürrenmatt: Fernanda Montenegro – ensaio

profundo da peça de Strindberg, como se fosse ela que estivesse prestes a encenar. Isso lhe pareceu essencial como base para o jogo dos atores. Segundo Celso, esse processo de estudar primeiro Strindberg para só depois introduzir Dürrenmatt se tornou visível também no cenário de Marcos Flaksman:

Queríamos algo que desse a idéia de jogo, e também de embate. Havia a idéia do ringue, mas, como sabemos, todo ringue é quadrado. O nosso não. Nosso ringue era redondo, o que remetia à idéia de ilha. Afinal, os personagens vivem na torre de um farol situado em uma ilha. Tudo isso levava para a forma circular. Então, foi criado um dispositivo cênico circular e, acima dele, uma coroa de refletores que lembrava a luz dos ringues de boxe, focando tudo para o centro. Todo o palco em torno do praticável circular era em tons de azul profundo, para dar a idéia de ilha cercada pelo mar. Nesse espaço não havia nenhuma incidência de luz. No círculo central ficava disposta a mobília, totalmente século 19: uma chaise-longue, um piano de parede, um relógio de pêndulo embutido numa coluna, uma pequena mesa redonda. Os refletores da coroa central suspensa ficavam aparentes, para deixar evidente que se tratava de um jogo aberto, que não estávamos numa casinha de faz de conta, e que a mobília estava ali como acessório do jogo.

Seria Cômico se Não Fosse Trágico, *de Friederich Dürrenmatt: Fernanda Montenegro, Zanoni Ferrite e Fernando Torres*

Por falar em jogo de ator, ocorreu um fato curioso durante a pré-produção do espetáculo. Convidado por Fernanda e Fernando, Celso ainda não conhecia bem o meio teatral do Rio de Janeiro para escolher o ator para o terceiro papel. Por isso, decidiram os três, de comum acordo, proceder a alguns testes para preenchimento desse papel. Mas, para evitar o constrangimento, optaram por convidar alguns atores para um bate-papo na residência do casal. Os três sempre tentavam desvincular o encontro da situação de teste, esforçando-se por criar um clima amigável.

Numa tarde, chegou o ator Jorge Dória e escancarou o que eles tentavam manter encoberto: pegou uma maleta que levara com ele e foi tirando de dentro dela, calmamente, sem perder o tom coloquial da conversa, pequenos disfarces, que ia aplicando um a um sobre o rosto: um par de óculos de aros pretos, uma peruca, uma base avermelhada, um bigodinho traçado a lápis, criando ora uma feição caricata, ora um personagem bem mais velho. A princípio atônitos, Celso, Fernanda e Fernando começaram a rir muito. Celso conta:

Ele, impassível, parecia ignorar que tínhamos passado da condição de seus interlocutores à condição de público, e só quando terminou a apresentação de todos os tipos que lhe vieram à mente, já tendo guardado seus apetrechos na maleta, é que se permitiu rir conosco, como se agora ele também

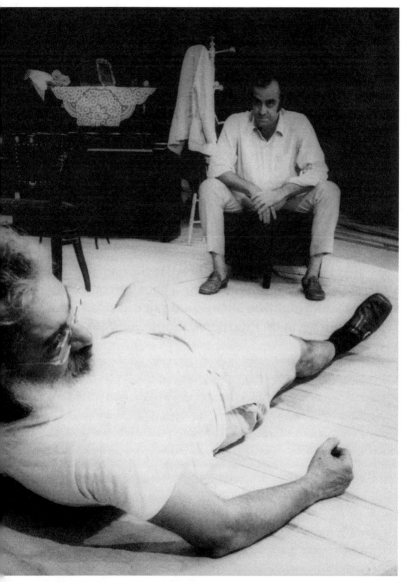

Seria Cômico se Não Fosse Trágico, de Friederich Dürrenmatt: Fernando Torres e Mauro Mendonça – ensaio

pudesse se colocar na condição de espectador de si mesmo e divertir-se com o fato que acabara de provocar. Jorge Dória não compôs o elenco porque o personagem impunha características estritas que tinham que ser respeitadas, mas naquela tarde eu aprendi com ele mais do que muitas aulas de teatro poderiam me ensinar.

O papel acabou sendo representado por Mauro Mendonça na temporada carioca, por Sílvio Zilber na montagem paulista e, mais tarde, por Zanoni Ferrite. O espetáculo recebeu um grande público durante toda a temporada e teve excelente acolhida da crítica – um fato que, até ali, não ocorrera em nenhum outro país onde a peça fora montada. Celso atribui esse sucesso ao talento dos atores para a idéia de jogo cênico contida no texto.

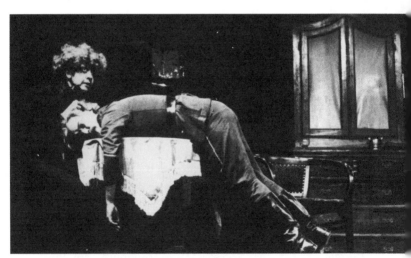

Seria Cômico se Não Fosse Trágico, *de Friederich Dürrenmatt: Fernanda Montenegro e Fernando Torres*

Capítulo XVI

Benditas Lágrimas

O maior sucesso de Celso Nunes como diretor de textos de língua alemã veio em 1982, com *As Lágrimas Amargas de Petra von Kant,* de Rainer Werner Fassbinder.

Desde 1976, ele vinha se dedicando mais às direções do Pessoal do Victor, grupo que formara com seus alunos na EAD, e aos espetáculos universitários dentro da Universidade de Campinas, onde programou e ofereceu cursos de teatro em nível de extensão universitária durante os oito anos que antecederam a criação do curso de graduação, que veio a ocorrer em 1984. Nessa época, estava empenhado em sua dissertação de mestrado, que apresentou à Escola de Comunicações e Artes da USP em 1982, sob o título *O Treinamento Psicofísico na Formação do Ator.* Foi um período difícil na sua vida pessoal e financeira desde o divórcio em 1979, e até com o teatro havia um certo desencanto. Um dia, ao chegar para dar aulas, seus colegas professores na Unicamp se depararam com uma faixa que ele mandara colocar na porta do prédio onde funcionavam os cursos de teatro: *Faça da sua vida um inferno. Faça teatro.* Na aula inaugural do curso, ele dizia aos alunos: *Aqueles que ainda não trancaram matrícula, terminada esta palestra, podem sair e fazer isso.*

Eu queria tirar as pessoas do curso, da escola, do teatro. Estava irritado com o reitor, estava irritado com minha ex-mulher, estava irritado comigo e com tudo. Acho que estava meio doente nessa época. E aí a vida me mandou, graças a Deus, a abençoada Petra von Kant.

A proposta veio de Fernanda Montenegro, que tomara conhecimento da peça e do filme pela mãos de Sérgio Brito. Na época, Fassbinder ainda era muito pouco conhecido no Brasil.

A peça fala das relações de amor e poder entre três mulheres: uma *designer* de moda de sucesso, sua fiel assistente e uma jovem aspirante a modelo. A baronesa Petra von Kant é uma mulher arrogante e cáustica, mas quando conhece Karin, uma jovem de família pobre, apaixona-se loucamente por ela e promete ajudá-la em sua carreira. Os problemas começam quando Karin se sente presa na relação e deseja a liberdade. As duas já haviam sido casadas e, desesperadas, constatam que, na relação amorosa que iniciaram, comportam-se como os homens se comportavam com elas: de forma rude e dominadora. Karin trata Petra tão mal quanto ela trata sua devotada assistente Marlene. Na verdade, os três relacionamentos são como imagens desdobradas num espelho.

Na montagem dirigida por Celso, o papel da baronesa Petra von Kant era vivido por Fernanda Montenegro; o de Karin, por Renata Sorrah e depois por Cristiane Torloni; e o de Marlene, a fiel assistente que não diz uma palavra, por Juliana Carneiro da Cunha, que a convite de Celso estreava como atriz depois de oito anos de carreira como bailarina na Europa.

As Lágrimas Amargas de Petra von Kant, *de Rainer Werner Fassbinder: Fernanda Montenegro, Marina Helou e Renata Sorrah*

Para Celso, o que o impressiona em Fernanda, além do imenso talento, é sua *gana*, sua contínua reescritura do trabalho e sua imensa empatia com o público espectador:

Quando ela sente que acertou uma cena, quer repeti-la 500 vezes. Ela reescreve, reescreve, reescreve sempre o seu trabalho. Nunca está satisfeita. Procura sempre um outro ângulo do personagem, uma outra maneira de dizer uma frase. Quando sai de cena, quer saber como foi e está sempre disposta a rever a cena, a tentar diferente no dia seguinte. Além disso, tem grande consciência do que está fazendo.O que se vê em cena nunca é obra do acaso; é sempre resultado de disciplina, de trabalho, de reflexão e de coragem de tentar. Além de tudo, ela tem uma proximidade com a platéia que vejo em poucas atrizes. O público está sempre do lado dela, sente que ela lhe pertence. Enquanto a classe teatral a considera uma primeira-dama, o público a trata com uma enorme intimidade, como se ela fosse uma pessoa da família. Quando ela está em cena, isso passa para a platéia, que fica totalmente à sua mercê.

Quando estava ensaiando a substituição de Renata Sorrah por Cristiane Torloni no Teatro dos Quatro, no Rio de Janeiro, onde a peça vinha sendo apresentada havia mais de um ano e meio, ocorreu um fato que permitiu a Celso um vislumbre claro da função criadora do diretor.

A cena que estava sendo ensaiada ocorre logo depois de um jantar em que tinham ficado evidentes as diferenças de experiência e de posição social entre Petra e Karin. Apesar de todas as perspectivas negativas, de repente Petra declara seu amor a Karin. Nesse ensaio, Fernanda ia pronunciar pela primeira vez para Cristiane a frase *Eu te amo*, quando, de súbito, começa a rir sem parar. Desculpa-se e tenta continuar, mas não consegue interromper o que se transformara numa verdadeira crise de riso. Cristiane lança ao diretor um olhar interrogativo, discreto, sem entender nada. Assim que consegue se controlar, Fernanda tenta uma explicação:

Sabe o que é? A Karin agora é enorme, robusta, desafiante. É como se eu tivesse que escalar a Cristiane. Com a Renatinha, eu dizia 'Eu te amo', ela vacilava, mas eu ia lá e a possuía. Agora está diferente. Como é que eu vou dar conta de tudo isso?

A cena transcorreu bem até o final, e durante toda a temporada, mas aquele fato despertou em Celso a curiosidade de entender o que tinha mudado. Era a mesma cena, as atrizes ocupavam o mesmo lugar no cenário, usavam os mesmos figurinos e estavam colocadas sob a mesma luz. Além disso, a diferença não estava na qualidade da interpretação: Renata e Cristiane são ambas excelentes atrizes.

Entretanto, o sentimento dos espectadores em relação à situação mudava, o que alterava o conceito que poderia ser extraído da cena. Mudava também a expectativa da platéia em relação à seqüência do espetáculo. Diante do enigma, Celso chegou a algumas conclusões:

Renata construía uma Karin ambígua. A platéia não sabia até que ponto ela desejava aquela relação amorosa e até que ponto fazia um jogo de interesses. Na versão de Cristiane, sentia-se que Karin levava em consideração os fatores de ordem material, a possibilidade de uma carreira, e chegava à conclusão de que o preço a pagar (a relação amorosa com Petra) não era tão alto. Em suma, a nova Karin era mais fria e calculista. Analisando tecnicamente a questão, percebi que não faltava interação em nenhum dos casos, mas que a energia tinha mudado. Não a intensidade, mas a energia, esta mesma energia que, mesmo invisível, não passível de registro fotográfico e apenas sentida ao vivo, se comunica e é capaz de alterar tudo. Maravilhado com a descoberta, fiquei consciente do papel que tinha a cumprir diante do fenômeno. Eu era, em última instân-

cia, a única pessoa que, estando de fora, tinha o privilégio de alterar o estado das coisas, apalpar o impalpável, manipular o invisível, interferir nos campos magnéticos antes mesmo de a obra entrar em contato com o público.

Nesse sentido, estava reservada ao diretor uma função criadora. O texto era um, mas a obra encenada tinha várias possibilidades de vir a ser. Celso foi invadido por uma alegria tão forte que a busca de mais instrumentos para realizar cada vez melhor a direção teatral nunca deixou de ser um trajeto prazeroso.

Foi com base em reflexões dessa natureza que ele começou a preparar seu novo trabalho acadêmico: a tese de doutoramento apresentada à Escola de Comunicação e Artes da Universidade de São Paulo, que seria defendida em 1989.

Capítulo XVII

Um Sentido para a Vida

Outro casamento bem-sucedido entre Celso e a dramaturgia alemã veio em 1985 com *Grande e Pequeno,* de Botho Strauss. A década de 80 assistiu a um contato cada vez maior dos artistas de teatro brasileiro com o teatro alemão. Foi uma década em que as platéias brasileiras puderam conhecer dramaturgos como Reiner Fassbinder, Heiner Muller, Peter Handke, Tankred Dorst e Botho Strauss, que pertencia à companhia Schaubüne, dirigida por Peter Stein.

Não foi diferente com Celso e Renata Sorrah, que já tinham encenado Fassbinder com grande sucesso. Aproveitando a viagem à Europa concedida pelo Prêmio Molière de teatro, os dois foram à Alemanha manter contato com Strauss e solicitar dele permissão para adaptar a peça à realidade do teatro e do público brasileiro, que certamente não estava acostumado a espetáculos de cinco horas de duração, como era o caso da montagem da Schaubüne.

Botho Strauss afirma que a capacidade de percepção do ser humano foi alterada com o advento da televisão. O aparelho que entra na casa das pessoas mostra o real e o irreal ao mesmo tempo e na mesma ordem de importância. As notícias se confundem com o comercial, mesclam-se aos filmes e novelas, e acabam imprimindo no espectador uma informação diferente de todos os outros meios de comunicação.

Lotte, uma mulher descasada, de 35 anos, atravessa todas as cenas da peça em busca de contato humano, de compreensão e de um sentido para a vida. Entretanto, em todas as estações dessa *via crucis*, encontra rejeição, incompreensão e frustração. Até que finalmente sua expressão se reduz a monólogos ou diálogos fictícios que trava consigo mesma e com os objetos à sua volta. A mídia assume o lugar da comunicação humana.

Havia ainda no texto um tema que sempre interessou a Celso e que veio aos poucos se tornando um foco na sua vida:

Existe no texto um lado espiritualista, esotérico, que me interessou muito. Quando despenca na escala social, Lotte encontra uma paz que não tinha quando era uma mulher de classe média, que podia passar as férias no Marrocos. Uma turista solitária, é o que ela é quando a peça começa. Depois que tudo dá errado, quando ela não tem mais para onde ir, quando ninguém mais a conhece, ela passa a dizer frases desconexas que são de uma lucidez incrível para a platéia.

Com Renata Sorrah, ensaio de Grande e Pequeno, *de Botto Strauss*

O público se pergunta se ela tem consciência do que está dizendo, se tem consciência dessa lucidez. A resposta é um sorriso enigmático e silencioso que Lotte lança à platéia pouco antes de se despedir.

Essa reflexão permitiu a Celso entender melhor a linguagem da peça, uma mistura de cenas reais e irreais, como num vídeo. Ele deixou de se questionar à luz da lógica absoluta:

Há no pensamento do autor certas regiões que não se explicam facilmente e, no entanto, transformadas em cena viva, tocam o espectador em alguma outra região do seu ser. Para ser compreendido, o espetáculo faz um apelo a todos os sentidos do espectador. Algumas cenas são incisivas enquanto imagem e diálogo, outras são nebulosas ou hiper-reais, como um sonho.

Foi um sonho acordado vivenciado durante o processo de ensaios que mostrou a Celso a importância de permanecer atento ao processo subjetivo de criação:

Quando entramos em processo de criação, o subconsciente está constantemente a emitir sinais para o consciente. Às vezes, esses sinais são facilmente identificados pelo artista; outras vezes, carecem de uma reflexão mais aprofundada para que seu significado seja apreendido.

O *sonho, visão* ou seja lá o que tenha sido, ocorreu no Rio de Janeiro, na época em que ele ensaiava *Grande e Pequeno*. Perto do local de ensaios havia um pequeno edifício que estava sendo pintado de branco. Todos os dias, ao chegar para o ensaio, Celso passava ao lado de um jardinzinho que ficava sob o andaime que servia de apoio aos pintores. Num fim de semana em que os pintores não estavam trabalhando, ele chegou mais cedo ao teatro. Naquela tarde, ao passar pelo jardim, notou que os pintores tinham deixado cair tinta sobre as plantas. Bem perto da parede, percebeu que as folhas de um arbusto estavam parcialmente cobertas de tinta. *Se as folhas são os pulmões das plantas, essa não está respirando nada bem*, pensou. E ali mesmo, em pé, com paciência chinesa e usando a unha do polegar, começou a retirar as películas de tinta folha por folha. Afinal, tinha tempo até o início dos ensaios. Ele não sabe precisar quanto tempo ficou absorto nessa tarefa. Pessoas passavam atrás dele pela calçada, ônibus e carros transitavam pela rua. O fato é que, enquanto limpava as folhas, uma cena inteira da peça, que ainda não havia sido criada em ensaios, tornou-se em sua cabeça:

Ela surgiu completa, com cenário e movimentação dos atores. Eram vultos que se deslocavam pelo palco, sem fisionomia e identidade. Mesmo assim, eu sabia a quem no elenco cada vulto correspondia. Sabia se a movimentação se dava na horizontal, estabelecendo linhas paralelas à platéia, ou na vertical, formando perpendiculares. Percebi também um grupo de pessoas que surgiam de uma rampa de metrô, abriam seus guarda-chuvas e iam colocar-se de costas para o público. No fim da cena, a protagonista entrava por esse mesmo buraco, depois de lançar um olhar de despedida para a platéia, como se fosse perder-se nos intricados labirintos subterrâneos da cidade.

As imagens, que surgiram fortes e belas nesse *sonho acordado*, foram incorporadas ao espetáculo.

Capítulo XVIII

A Reflexão com Brecht

Mas nessa galeria de grande autores de língua alemã ainda estava faltando o mais significativo e mais conhecido: Bertolt Brecht. Em 1989, Celso recebeu um telefonema de Paulo Autran consultando-o sobre sua disponibilidade para dirigi-lo em *Rei Lear*. A idéia não entusiasmou Celso. Primeiramente, porque ele já havia dirigido a peça no Rio de Janeiro; segundo, porque achava que o tempo transcorrido desde então não era suficiente para que ele conseguisse uma nova leitura do texto. (Hoje, tendo entrado na casa dos 60, ele acha que isso já seria possível.)

Pouco depois, Celso foi convidado pelo governo do Paraná, por intermédio da Secretaria Estadual de Cultura e da Fundação do Teatro Guaíra, a dirigir um espetáculo que reunisse profissionais de diversas regiões do Estado. O projeto permitiria a troca de informações e de experiências e significaria a retomada das atividades do Teatro de Comédia do Paraná, interrompidas alguns anos antes. Para esse projeto, Celso escolheu *A Vida de Galileu*, de Brecht. Então, tentou reverter a situação. Em vez de trabalhar como diretor convidado de Paulo Autran no *Lear,* convidou-o a trabalhar com ele e o grupo no Paraná.

Equipe de criação e elenco em ensaio de mesa de A Vida de Galileu, de Bertold Brecht, Teatro Guaíra, Curitiba

Para sorte de todos, Paulo aceitou. Celso acha que pesou muito na decisão seu argumento de que *Rei Lear* é um texto fúnebre, e que para Paulo, que tinha passado recentemente por uma cirurgia para colocação de pontes de safena, não faria nada bem a experiência de morrer todas as noites em público. Para que trabalhar com essa energia?

É sabido que, entre uma arte pessimista e uma otimista, Paulo escolhe a segunda. A idéia de viver Galileu o animou. Afinal, o personagem é glutão, apaixonado pelas coisas, pelas pessoas e pela vida. Entre a tristeza e a loucura do Lear e o renascimento e a lúcida oposição histórica do Galileu, Paulo preferiu o renascimento, mais humano, claro! Isso foi tão bom! Ele estava ótimo, de bem com ele e com a vida depois da cirurgia. Me ajudou e ajudou a todos, muito.

Na hora de formar elenco e distribuir os papéis, Celso se lembrou de um exercício que realizara quando estudava na Universidade de Paris. O professor era Bernard Dort, intelectual francês, especialista na estética do teatro brechtiano. A turma estudava alguns textos de Brecht, entre eles *A Vida de Galileu*. O professor solicitou dos alunos que fizessem uma distribuição ideal de papéis conforme uma lista de atores internacionalmente conhecidos que ele próprio forneceu. A tarefa parecia inútil: afinal, de que serviria um elenco ideal para uma produção que nunca iria acontecer?

A lógica foi se revelando aos poucos. A cada aula, o professor Dort escolhia uma ou duas listas e então analisava com o aluno/diretor suas opções, obrigando a classe a refletir se determinado ator era adequado a preencher um determinado papel. Com isso, no estudo de cada personagem, na fala de um personagem sobre o outro, na percepção do que era dito nas entrelinhas, foi ficando claro que o texto fornecia ao diretor um guia seguro não só para a escolha do elenco, mas também para a criação de sua idéia de direção.

Como o trabalho na Fundação Teatro Guaíra estava lhe fornecendo elementos para a tese de doutorado, Celso estava atento a registrar todos os aspectos envolvidos na criação de um espetáculo teatral. Um deles é a escolha da equipe de criação:

Diretores muito personalistas gostam de acumular funções e assinar, além da direção, cenários e/ou figurinos, iluminação e trilha sonora. Essa é uma maneira pouco democrática de controlar a criação, que só em casos muito especiais não significa um estreitamento de visão sobre o texto.

A Vida de Galileu, de Bertold Brecht: treinamento no Teatro Guaíra

É a reafirmação da crença de que teatro é arte coletiva, em que a colaboração das partes constrói o todo. Em *A Vida de Galileu*, Celso teve uma demonstração da importância da colaboração espontânea.

Como estavam trabalhando em Curitiba com um grande número de atores iniciantes, Paulo Autran acordava cedo, chamava um ou dois atores ao seu apartamento de hotel e lhes ensinava onde respirar para conseguir dizer a frase toda sem perder o fôlego e sem alterar o sentido. Com isso, conseguia levar o ator a manter a idéia contida na emissão da frase.

A Vida de Galileu, *de Bertold Brecht: prova de figurino – Kalma Murtinho e Paulo Autran*

Havia também uma cena em que Galileu, embora envelhecido e quase cego, não abandonava suas pesquisas científicas. Para a cena, Brecht pede que o personagem observe o curso de uma pequena esfera de madeira correndo sobre um trilho curvo, provavelmente um instrumento de estudo para registrar a queda dos corpos. Paulo ainda não recebera da produção o instrumento com a bolinha, mas nem por isso deixou de imaginá-la. Desde a primeira vez que a cena foi ensaiada, o ator sentava-se a uma pequena mesa, apoiava os cotovelos e braços no tampo e acompanhava com os olhos os movimentos da bolinha imaginária. Nesse movimento, empenhava também o pescoço e a cabeça, como se a cabeça do cientista incorporasse o movimento da bolinha, transformando-se nela.

Essa é uma colaboração espontânea que um diretor aceita e comove-se com ela. Tocava-me o coração ver um ator do porte de Paulo Autran, que já viveu tantos e grandes papéis, obedecer pacientemente àquele seu impulso, como um sapateiro que fosse elaborando ponto a ponto o seu precioso sapato. Além disso, no espaço da ação dramática, o gesto ganhava a força de uma negação contínua e obstinada, como se, logo depois de ter abjurado, o personagem cristali-

zasse um menear de cabeça que significava um grande e desalentado não.

Quando o adereço chegou, ficou evidente que qualquer pessoa poderia seguir a bolinha com os olhos sem mexer o pescoço. Só que o menear de cabeça descoberto por Paulo Autran tinha se tornado um gesto imprescindível para o diretor, porque fortemente significativo da dor do perjúrio.

A Vida de Galileu, *de Bertold Brecht: Paulo Autran e Blasi Jr.*

Primeiras aulas ainda ao ar livre, fundador do Departamento de Artes Cênicas da Unicamp

Capítulo XIX

O Mestre e Seus Mestres

Assim que saiu da Escola de Arte Dramática, por indicação de Alfredo Mesquita, diretor da escola, Celso começou a dar aulas e a dirigir grupos de teatro amador. Só em 1966, lecionou e dirigiu no Colégio Sion, em São Paulo, no Teffi – Teatro Escola da Faculdade de Filosofia de Santos e na própria EAD. Em 1970, depois de três anos na França, Sábato Magaldi o convidou a fazer parte do corpo docente da Escola de Comunicações e Artes da Universidade de São Paulo. Naquele ano, iniciou também sua carreira de professor na Escola de Arte Dramática da ECA-USP, na cadeira de interpretação. A partir daí, ele nunca mais parou de ensinar teatro.

Permaneceu nas duas escolas até 1976, quando passou a coordenar todas as atividades do Centro de Teatro da Unicamp. Ali, além de orientar a escolha dos textos e o encaminhamento das montagens do curso, projetou a estrutura curricular do curso de graduação, constituiu o corpo docente e elaborou o primeiro vestibular, em colaboração com a Fundação Carlos Chagas. Em 1985, estava implantado o Departamento de Artes Cênicas do Instituto de Artes da Unicamp.

Em sala de aula, no Departamento de Artes Cênicas da Unicamp

De 1985 a 1990, foi responsável pelo expediente administrativo, pela formação de um banco de textos teatrais nacionais não editados, pela formação de uma biblioteca especializada, pela manutenção das atividades didáticas, pela supervisão das montagens, pela escolha e contratação de docentes, pela manutenção das instalações do Departamento de Artes Cênicas.

Durante esses anos, não parou de estudar. Em 1982, recebeu o título de mestre no Departamento de Teatro, Cinema, Rádio e Televisão da ECA-USP, com a dissertação intitulada *O Treinamento*

Psicofísico na Formação do Ator. Em 1989, obteve o título de doutor em artes pela mesma universidade, apresentando a tese *Um Diretor Teatral em Ação – Estratégias e Procedimentos Criativos.*

Além da atividade regular como professor, na qual se aposentou em 1992, Celso ofereceu inúmeros cursos de extensão universitária, cursos de improvisação, interpretação, história do teatro, história da direção teatral. E ainda encontrou tempo para participar de debates, dar palestras e oferecer *workshops* por todo o país.

Como professor, tem um tributo de gratidão a muitos dos mestres que colaboraram para a sua formação e, em especial, a quatro deles. Primeiramente, ao professor Saraiva, que na escola secundária, além de dar aulas brilhantes de história, foi o primeiro a lhe falar claramente sobre a maconha e, com isso, desmistificou completamente a droga na sua passagem da adolescência para a idade adulta. O segundo mestre especial foi o professor Maluf, que, com frases engraçadas, o ensinou a falar, escrever e, principalmente, amar a língua portuguesa.

Depois veio um professor que lhe deu uma lição fundamental, não só de teatro, mas também de capacidade de dedicação: Alfredo Mesquita, que todos os seus alunos até hoje chamam de

Doutor Alfredo. Fundador da Escola de Arte Dramática de São Paulo, a ela dedicou 20 anos de sua vida.

Nada o afastou de sua paixão pelo teatro. Com toda a paciência, ensinava os alunos que chegavam da periferia da cidade grande, de pequenas cidades do interior do Estado, com o sonho de ser ator. Eram jovens de uma classe média mal servida em termos de atendimento social, que tinham de perseguir seu destino aos trancos e barrancos, brigando com o pai com o apoio da mãe e vice-versa. E o dr. Alfredo, com toda a paciência, com aquele seu jeito engraçado de dizer Sim, Antonia, *nos ajudava a vencer nossos limites em busca do nosso sonho.*

A outra mestra especial ele também conheceu na EAD: foi Leila Coury, professora de mitologia. Encantava-o sua posição de detetive incansável dentro da obra de Homero, buscando sincronias e ligações entre um canto e outro, entre um verso e outro.

Ela passou a vida juntando as pontas dos fios que dão unidade à obra do Homero. Sempre achei isso muito, muito lindo!

Parodiando Gurdjieff, ele diz que seus *encontros com homens notáveis* foi ter conhecido todas as pessoas que lhe permitiram descobrir e aprender ao longo de sua carreira.

A atividade de professor muitas vezes se expandiu para além do espaço escolar. Foi com seus alunos que Celso constituiu e dirigiu alguns grupos teatrais. O mais duradouro deles foi o Pessoal do Victor. Mas, antes dele, houve o Teatro Macário, constituído em 1973 com jovens atores recém-saídos da EAD e da ECA, entre eles Tácito Rocha, Stela Freitas, Luiz Roberto Galizia, Sonia Samaia e Anton Chaves. A primeira peça montada foi *Os Construtores do Império*, de Boris Vian, que estreou no Teatro Municipal de Ouro Preto, Minas Gerais. A escolha foi de Celso, que conhecera a peça nos anos 60, numa montagem da EAD, dirigida por Alfredo Mesquita. No mesmo ano de 1973, o Teatro Macário montou *As Religiosas*, de Eduardo Manet, apresentada no Teatro Galpão, em São Paulo. Pouco depois, o grupo se desfez, em grande parte porque Celso estava sendo cada vez mais requisitado pelas produções profissionais. Cada membro do grupo foi buscar seu espaço em outras companhias ou na televisão. O anseio do grupo, que não chegou a ser realizado, era montar *Macário*, adaptação inacabada do *Fausto* de Goethe feita por Álvares de Azevedo.

Em 1974, devido ao sucesso da montagem de *Victor ou as Crianças no Poder*, realizada como encerramento de curso de atores da EAD, Celso e os alunos resolveram profissionalizar o grupo. A peça teve ótima aceitação de público e crítica e, depois de uma temporada em São Paulo, representou o Brasil no Festival de Palermo, Itália.

Da viagem, trouxeram a idéia para o próximo espetáculo. Numa passagem por Paris, o elenco assistiu a *Os Iks*, encenado por Peter Brook e baseado no estudo antropológico de Collin Turnbull, *O Povo da Montanha. A peça* tratava do comportamento de uma tribo africana que sofre um processo de aculturação em contato com a civilização. Na leitura do Pessoal do Victor, de 1976, a ação é transposta para o Brasil, e os problemas dos *Iks* revelaram-se comuns a diversas tribos indígenas em processo de extinção, inclusive as brasileiras. Celso ainda dirigiu para o grupo O *Processo*, baseado na obra homônima de Franz Kafka, em 1977, e *A Vida É Sonho*, de Calderón de la Barca, em 1978. Outras duas peças que fazem parte do repertório do grupo foram dirigidas por Paulo Betti: *Cerimônia para um Negro Assassinado*, de Fernando Arrabal, e *Na Carrera do Divino*, de Carlos Alberto Soffredini.

E por que o grupo acabou?

Quando Artur Aristodemo Pinotti assumiu a reitoria da Unicamp, começou a pressionar pela

Alunos do colégio de direção Dragão do Mar, em Os Iks, de Peter Brook e Colin Higgins

criação de um Departamento de Artes Cênicas. Desde minha ida para a universidade, convidei os atores do Victor a integrar o núcleo de pesquisas teatrais que eu dirigia e que oferecia cursos e oficinas, não só aos alunos da universidade, mas ao público em geral. Para a criação do departamento, tivemos que passar por um processo de institucionalização. Além do fato e A Vida é Sonho não ter tido um público suficiente para manter o elenco como cooperativa, o grupo se esfacelou em vista das tarefas acadêmicas que todos tiveram que cumprir quando o núcleo se tornou um departamento.

Terminou o grupo, assim como chegaram ao fim diversos espetáculos dos quais ele participou em sistema de cooperativa ou co-produção, mas não terminou sua função de professor. Até hoje, ele anda pelo Brasil, de cidade em cidade, pelo interior de Santa Catarina, Ceará, Bahia, Piauí, onde o convidam, tendo umas horas de encontro com as pessoas, em festivais de teatro, *workshops*, cursos e palestras. Não é um lado secundário de uma carreira, porque ele não vê separação entre um dia de ensaio e uma palestra, nem entre uma palestra e um *workshop*, ou entre um *workshop* e uma estréia de teatro. Há uma sincronia em tudo. Em tudo, e com todos, ele está sempre ensinando e aprendendo.

E, movido pelo desejo de aprender e ensinar, ele até concorda em, de vez em quando, sair de seu *paraíso* em Florianópolis e fazer uma incursão pelo teatro. Foi o que aconteceu em 2004 com o espetáculo *K2 – Dois Homens, uma Montanha*, de Patrick Meyers. Mas neste caso havia outro poderoso motivo para o seu retorno: seu filho, Gabriel Braga Nunes, ator e produtor do espetáculo.

Foi Celso quem sugeriu a montagem a Gabriel. Ele conhecia a peça desde 1988, quando realizou uma viagem de estudos ao Alasca. O autor trata das relações entre dois amigos submetidos a uma situação-limite. São dois alpinistas que, após chegarem ao topo da mais perigosa montanha do mundo – a K2, com seus atemorizantes 8.600 metros de altura – sofrem um acidente e fica claro que só um deles poderá salvar-se, o que implica dizer que o outro seria deixado na fenda em que caíram até morrer congelado.

Diante dessa proposta de forte potencial dramático, ator e diretor mergulharam num intenso processo de trabalho, que se tornou uma experiência reveladora para Gabriel:

Há anos vivemos distantes, meu pai em Florianópolis e eu no Rio de Janeiro. Costumamos nos encontrar somente em ocasiões como Natal e Ano-Novo. De repente, durante dois meses, convivemos oito horas por dia numa sala de ensaios, confrontando pontos de vista. Entre coisas difíceis e lindas, a gente saiu se conhecendo mais, se admirando mais e se gostando mais.

K2: Gabriel Braga Nunes e Petrônio Gontijo

K2: *Gabriel Braga Nunes e Petrônio Gontijo*

Capítulo XX

Com os Olhos da Alma

Depois que escolheu viver longe do centro da ação teatral, Celso tornou-se ainda mais fiel a essa questão do prazer como elemento atávico da criação artística. É algo que ele aprendeu desde a direção de *Equus*, e que se torna cada vez mais verdade na sua vida.

Quando é convidado a realizar uma direção, é importante para ele sentir que, aceitando o convite, estará se dando alguma forma de prazer. Depois, leva em conta a qualidade das pessoas que estarão envolvidas no projeto, se talentosas, se queridas, se confiáveis tanto humana como empresarialmente. Finalmente, analisa o projeto em si, o texto que inspirará o espetáculo: o que ele lhe diz, o que através dele se poderá dizer ao público, que oportunidades de criação teatral ele propiciará ao panorama teatral que se vive naquele momento.

No caso do espetáculo *Molly Sweeney – Um Rastro de Luz*, todos esses fatores conspiraram para fazê-lo aceitar a direção. Primeiro, o convite de Júlia Lemmertz para dirigi-la.

Sempre que uma atriz pensa em mim para dirigi-la, sinto-me tocado pelo convite. Daí tento entrar nos diálogos iniciais com ela para perceber se sinto que vai rolar, se ela está efetivamente querendo ser dirigida. Sim, porque há atores que preferem encenadores, diretores que não se detêm demais nas interpretações, que deixam os atores meio à vontade para fazerem o que sabem e partem logo para a manipulação dos elementos cênicos, que determinarão a qualidade formal do espetáculo, como ritmo, iluminação, efeitos cenográficos, figurinos, trilha musical e por aí vai...

Celso gosta de atores, tem prazer em dirigi-los, viver com eles o processo de criação de um papel. *Molly Sweeney* foi uma junção de fatores positivos: além do prazer de trabalhar com a Júlia (que ele ama desde que ela era criança, filha dos queridos e talentosos atores Linneu Dias e Lilian Lemmertz), a oportunidade de voltar a trabalhar com o Ednei Giovenazzi (ao lado de quem ele iniciara sua carreira, ainda como ator, em *A Alma Boa de Setsuan*, uma produção de Maria Della Costa e Sandro Poloni em 1966, e que já reencontrara em *Equus*, dez anos depois) e de poder dirigir Orã Figueiredo, segundo ele, uma deliciosa descoberta.

Logo que leu o texto e Brian Friel sobre a questão da cegueira, Celso achou que ia fazer aquela direção. A tradução de João Bittencourt era igualmente feliz.

A peça, que se inspira em um caso narrado pelo neurologista Oliver Sacks, estreou em Dublin em 1994 e, dois anos depois, estrelado por Jason Robards, Catherine Byrne e Alfred Molina, o espetáculo foi sucesso de público e crítica na Broadway. Conta a história de um mulher de quarenta anos que é cega desde a infância e o resultado de uma cirurgia feita para lhe devolver a visão. Molly, interpretada por Júlia Lemmertz, nunca freqüentou uma instituição para cegos, mas adaptou-se à cegueira e aprendeu com o pai a beleza das flores pelo toque e pelo cheiro, e o imenso prazer em nadar. O marido, Frank (Orã Figueiredo), um desempregado desastrado que vive tentando esquemas para enriquecer que nunca dão certo, adota a cegueira da mulher com um projeto pessoal para vencer na vida. O cirurgião (Ednei Giovenazzi) espera refazer sua carreira e sua auto-estima, interrompida desde que a mulher o abandonou, levando-o a cair no alcoolismo. A operação é um sucesso, mas Molly descobre um mundo assustador e, aos poucos, vai voltando à cegueira, numa recusa em reconhecer o mundo que vê.

Era um convite tentador. Do ponto de vista da direção, dois aspectos o fizeram interessar-se pela peça. Primeiro, o fato de o autor ter criado uma estrutura dramatúrgica simples, mas um verdadeiro desafio para o diretor: sua indicação de que os atores freqüentem espaços estanques, sem interagir, tanto nos monólogos intercalados como nos deslocamentos pelo palco, não permitindo que um *entre* no espaço do outro. Como fazer isso sem cair numa montagem tediosa?

O segundo ponto que atraiu o diretor foi a reflexão do autor (a partir de relatos do dr. Oliver Sacks) sobre as diferenças entre ver e conhecer, crucial para alguém que deixa a cegueira e começa a enxergar, que é obrigada a dar nomes às coisas que integram o universo dos que vêem. Como a protagonista recusa essa entrada no mundo dos videntes, preferindo o conforto (se é que pode dizer isso!) do mundo em que vivia quando cega, depreende-se de sua atitude uma crítica feroz ao tipo de vida que criamos e levamos, sem perceber que hoje as imagens nos orientam mais do que nossos pensamentos.

Eu ia gostar de me envolver numa peça que fazia os espectadores refletirem sobre esse aspecto de suas vidas, perguntando-se: O que é que eu faço, exatamente, com esse privilégio da luz que me foi dado ao nascer?. Mobilizei-me em tudo o que pude para livrar-me dos obstáculos que pudessem surgir. Deixei a ilha de Santa Catarina (com a promessa de logo voltar!) e entrei de cabeça na montagem. Fui muito assessorado pela minha filha Nina, fisioterapeuta que conhece bem o as-

sunto de que nos fala o autor, já que é monitora de self-healing, *um processo holístico de recuperação da saúde que desenvolve a inteligência inata do corpo. Foi um processo de montagem incrivelmente belo, que contou com inesperadas generosidades tanto dos envolvidos na criação como da Fundação Cultural Banco do Brasil, que apoiou o espetáculo ao longo de um ano em cartaz, e do público, que lotou nossas sessões e nos procurava após o espetáculo para abraços e comentários com alta dose de humanidade.*

Foram muitas semanas dedicadas aos ensaios de mesa, estudando o texto e o universo da ciência, das emoções e das experiências de vida que ele narra. Então, iniciaram-se os ensaios isolados dos atores. Eles não se encontravam, seguindo tabelas de horários diferentes para cada um. Os locais de ensaio também variaram: nas casas dos atores, no local onde estava morando o diretor, nas ruas da cidade do Rio de Janeiro, em bancos e alamedas do Jardim Botânico, caminhando, parado, sentado, de olhos abertos, fechados...

O diretor procurou ater-se ao pedido do autor, levando às últimas conseqüências o desejo de que os personagens se apresentassem em seus próprios espaços e monologassem. É como se um personagem não registrasse a presença do outro em cena.

Júlia teve uma preparação intensa e especial. Segundo o diretor, a maioria dos deficientes visuais se comporta como uma pessoa de visão normal. A única prova de sua incapacidade é, habitualmente, um certo vazio no olhar e o jeito de portar a cabeça. Molly devia indicar sua deficiência através de um recurso assim sutil. Nada de bengalas, nada de ficar tateando, nada de óculos escuros, etc. E ela conseguiu, plenamente e com brilho.

A estréia foi no Festival Porto Alegre em Cena, edição de 2005. Depois, o espetáculo percorreu o circuito do Centro Cultural Banco do Brasil, com temporada em Brasília, São Paulo e Rio de Janeiro, sempre com calorosa acolhida do público.

Mas não foi uma mar de rosas desde o começo. O projeto começou com um produtor que sequer tinha adquirido os direitos do texto. Quando já estavam prestes a estrear no festival, o problema surgiu. Júlia Lemmertz, que já vinha se esforçando para não interromper a produção omissa, comprou os direitos do texto e assumiu a produção. Celso, que nunca havia solicitado dos produtores com quem trabalhara a apresentação dos direitos de montagem, passou a fazer essa exigência. *Será isso um redutor do meu mercado de trabalho?*, ele se pergunta. *Pode ser, mas não tenho mais paciência para picaretas que insistem nesse tipo de exploração do teatro.*

Capítulo XXI

De Espelhos e Mudanças

Florianópolis, Santa Catarina, 2007. O que o trouxe até esse ponto? A busca de si que ele vem empreendendo há muito tempo. Do teatro ele conseguiu abdicar, mas o processo de autoconhecimento está em curso até hoje. Se as condições fossem outras, ele poderia ter sido um bailarino, um músico, ou ter exercido alguma outra manifestação artística. Ele não se sente destinado a ser um diretor de teatro. Aliás, ele acha que ninguém é destinado a nada, a não ser ao autoconhecimento.

Quem não empreendeu uma investigação de si mesmo, principalmente quem quer ser artista, não fez nada. Pode dominar um monte de técnicas, mas não enxergou por onde passa a questão da criação.

Em geral vivemos de uma maneira egocêntrica, como se nada existisse antes e depois de nós. Mas Celso se percebe parte de um processo contínuo de aprendizagem:

Existe em mim um aprendiz. Ser é o processo de desabrochar para a vida, de ter mais entendimento da vida, de tornar-se receptor de todo esse mundo de ofertas que estava aí antes de eu vir e que vai continuar quando eu partir.

Se não tivessese tornado um diretor e, percorrido outros caminhos, tudo teria acontecido mais ou menos do mesmo jeito, supõe ele. Se não fosse o teatro, por outros caminhos ele seria o que é e chegaria aos mesmos lugares. O teatro foi apenas o veículo.

Acho que, com essa identidade genética, eu tinha um processo a viver que poderia ter vivido em outras circunstâncias. Alguns fatos se cumprem independentemente do roteiro.

E o roteiro teve vários pontos de mutação. Primeiramente, foi a experiência com Grotówski. Mudou não só o rumo do que ele viria a fazer no teatro, mas a direção de sua vida; transformou o suplício de se sentir superexposto como ator na alegria da criação, seja como ator, diretor ou em qualquer outra manifestação. Colocou o primeiro espelho à sua frente e o obrigou a ver que seu problema era ele mesmo. Foi uma revelação, e ele percebeu que uma pessoa quando está consigo mesma dificilmente irá corromper-se em ações destrutivas.

Depois foi a tese de doutorado. Ele se afastou um pouco do trabalho para escrever e pensar no seu processo de direção. Foi o segundo espelho colocado diante dele. Ele se viu de frente com o que havia feito até ali.

A pesquisa empreendida como tese de doutorado partiu de uma interrogação que ocupava sua mente havia alguns anos. Durante uma conversa informal com gente de teatro, o ator Juca de Oliveira contou que pretendia produzir *Otelo* de Shakespeare. Enquanto ele falava de seu projeto, Celso começou a imaginar como seria dirigir aquele texto magistral. Assim que Juca terminou de falar, não se conteve e perguntou:

– *E quem vai dirigir?*

– *Ninguém.* – Foi a resposta do ator.

Talvez percebendo o mal-estar que se criou num diálogo tão sucinto entre um ator e um diretor, Juca passou a explicar os motivos dessa decisão: sendo um ator muito experiente, já conhecia o suficiente da arte de encenação; portanto, não via necessidade de se colocar sob a direção de outra pessoa, mesmo porque, naquela época atuavam muitos diretores recém-saídos das escolas de teatro, que, segundo ele, na prática se mostravam bastante fracos. A explicação terminou com uma pergunta:

– Por que vou me colocar sob a direção de alguém que conhece menos teatro do que eu?

O diálogo foi interrompido, mas a questão continuou ocupando um espaço nas reflexões do diretor. Celso parou para pensar na função da direção, na sua eficácia, na sua necessidade. A tese é de certa forma o resultado dessas reflexões. Sobre este aspecto, ele pretendeu estabelecer um sistema de encenação que, independentemente do resultado artístico, possa servir de base para a abordagem de um texto sob a ótica do diretor.

Assim, tentando situar-se entre a reflexão e a ação, observando o que faz o diretor, com que motivação e atendendo a que objetivos, enquanto se processa sua encenação, ele chegou a algumas conclusões. Primeiramente, embora atue um pouco como autor (já que pode direcionar o sentido de uma frase e até mesmo suprimi-la), como ator (dado o poder que tem de interferir no trabalho do intérprete), como cenógrafo, como diretor musical e como figurinista, o diretor é o único que não se faz representar materialmente em cena. Seria então, essa figura invisível, sem representatividade material em cena, um ser desnecessário ao processo de criação teatral?

Então, se o diretor não é esse gigante debruçado em berço esplêndido, esse ser que sobre todos e tudo apóia seus membros, o que ele é? Onde ele está no processo teatral, já que ele é o impalpável, o invisível, o inaudível?

Por outro lado, refletindo ainda sobre o mesmo enfoque, não poderíamos chegar à conclusão de que, se todos os colaboradores que integram o espetáculo – o cenógrafo, o figurinista, o iluminador –, enfim, se todos cumprirem integralmente suas funções, a função do diretor torna-se desnecessária?

A hipótese é a de que o diretor, pela especificidade de sua ação, tenha uma função mais nobre que essa a cumprir dentro do espetáculo. Ao longo do meu trabalho como encenador, minhas pesquisas de campo conduziram-me a constatar que o fato de o diretor não se encontrar materialmente representado na cena, absolutamente, não significa que ele esteja ausente dela, mesmo que todos os outros setores componentes da ação dramática cumpram suas funções na íntegra, ainda assim o diretor será a figura-chave para obtenção da unidade artística e espiritual que toda boa montagem deve possuir.

Figura-chave, sim, mas não absoluta. Ao longo dos anos de experiência, ele aprendeu que, sendo o teatro arte coletiva, é melhor programar, saber o que quer, delegar e esperar uma resposta criativa do que impor uma visão limitadora. No entanto há quem o considere autoritário. Ele tem um lado incisivo, um modo rascante de ser, que algumas vezes deixa as pessoas melindradas. Aprendeu a observar e, quase sempre, dá muita atenção às pessoas, em especial, aos atores com quem trabalha. Mas, por outro lado, devido ao seu temperamento e à sua capacidade de liderança inata, muitas vezes passa por cima da vontade de outra pessoa para impor sua vontade.

Às vezes eu não consigo evitar. Eu tenho um objetivo e esse objetivo me leva, e aí, na avaliação das pessoas, parece que eu passo como um trator por cima de alguns assuntos. Nos momentos em que sinto estar cumprindo um objetivo, às vezes estou magoando as pessoas. E não percebo, porque minha intenção não é absolutamente ofender ou magoar. É uma falha minha. Acho que me falta maior percepção do possível efeito de minhas ações sobre as pessoas.

Contraditório isso, em alguém que tem uma enorme capacidade de observação do outro e do mundo que o cerca e o inspira, qualidade que ele mesmo considera fundamental num diretor.

Só um diretor de posse de seu potencial energético, centrado, pleno e em paz consigo mesmo estará apto a, sem esforço, observar o que se passa à sua volta. Como posso, espontaneamente, interessar-me pelo que está fora, a ponto de tentar alterá-lo, se me encontro excessivamente enredado no meu mundo interior e subjetivo?

Mas, por outro lado, se observado e absorvido da perspectiva correta, o mundo subjetivo é a fonte maior de criação. Quando entramos no processo de criar, o subconsciente emite constantes sinais para o consciente, na forma de sonhos ou visões que podem e devem ser aproveitados na elaboração do espetáculo. Afinal, como disse Jung, *o inconsciente não pode ser ignorado; ele é natural, ilimitado e poderoso como as estrelas.*

Como diretor, Celso espera do elenco pelo menos o mesmo entusiasmo com que ele se entrega ao trabalho, entusiasmo que se traduz, basicamente, no cumprimento de quatro *dades*: assiduidade, pontualidade, cordialidade e criatividade. Enquanto dura o processo de ensaios, ele estará sempre ali, para cobrar, incentivar, corrigir e propor. Porém, quando chega o momento em que o pano se abre para o público, ele sabe que é hora de se afastar para a sombra da platéia e se transformar num espectador.

Na fase final de uma montagem, o bom andamento dos ensaios depende muito da qualidade do trabalho da equipe de apoio. Durante horas, ela se refugia nos cantos do palco, no escuro das coxias, no espaço exíguo das cabinas de operações técnicas, nas salas de costura ou nos porões do teatro, atenta para agir quando for solicitada. São como aqueles ratinhos amorosos do desenho animado que preparam a roupa de festa da Gata Borralheira para ela poder ir ao grande baile dançar com o seu Príncipe Encantado e depois se enfiam, quietos, nas tocas do palácio, à espreita e felizes por terem podido trabalhar para a felicidade dela. Não haverá um pouco disso, também, na natureza essencial do diretor? Não é ele também um ser que prepara a festa para os outros se divertirem?

Terminados os ensaios, ele, que durante semanas e semanas foi o termômetro do que se passava em cena, funcionando como um sensor da qualidade artística da montagem, pode agora instalar-se confortavelmente numa poltrona da sala e dispor-se a ser presa do fenômeno. Se a onda não passar sobre ele sem atingi-lo, mas, ao contrário, ele for arrebatado pela energia e beleza que emanam da cena, pode-se dar o privilégio de retribuir a todos com o primeiro aplauso.

Quando o processo começou, a energia viva de um grupo de artistas precisava encontrar um canal para chegar ao público. Coube ao diretor encontrar esses canais e então, *como água, a energia encontrará seus percursos e irá até a comunidade de espectadores sedentos, tentando saciá-los. Saciados, eles somarão suas energias à dos artistas e todos se beneficiarão com a experiência. Formar-se-ão campos magnéticos entre as duas realidades enquanto elas cumprem, reciprocamente, as funções de receptoras e emissoras. Tudo será vibração no ar. É o teatro, presente.*

Mas um dia, apesar de todo o prazer da criação, de todo o sucesso e reconhecimento, ele decidiu afastar-se do teatro e se mudar para uma cidade onde ninguém o conhecia. Como ele chegou a essa mudança radical?

Ao longo dos anos, outros espelhos foram sendo colocados à sua frente por uma série de acontecimentos que o abalaram e o obrigaram a encarar e administrar o que sobrou. Começou com a morte da mãe. Como ela tinha lhe mostrado a flor desabrochando, ele não sabia como ia ser sua vida sem ela. Anos mais tarde, um acidente estúpido levou João Batista, quase um filho, que ocupara o lugar de Gabriel após sua saída de casa. Depois, o pai enfartou e morreu. Chegou um momento em que, na enorme casa no Alto da Lapa, em que ele vivia com a filha Nina, havia mais ausências do que presenças. Terminado um roteiro, concluída uma ação, era preciso iniciar uma outra história.

Não adianta correr atrás do que se perdeu. Perdido está. E nada garante que, indo atrás, vou encontrar o mesmo resultado. O diretor que fui não é mais o mesmo. O potencial pode até ser maior, mas mudou sua relação com o mundo e com a arte. Por que isso? Para quê? Para chegar aonde?

Num determinado momento, ele percebeu claramente que, ao longo da vida, vinha preenchendo cargos ou exercendo funções de liderança. Ainda muito jovem, já era chefe do departamento do pessoal da empresa de transportes onde trabalhava e, por isso, tinha as pessoas sob seu comando. Depois, no trabalho acadêmico, tornou-se professor e chegou a chefe de departamento de uma das universidades mais importantes do país. No teatro, acabou tornando-se diretor.

Eu pensei: Tenho que interromper esse processo e fazer com que as coisas aconteçam em mim, em vez de fazê-las acontecer fora de mim. Detenção de poder traz infelicidade. Vim para Florianópolis no anonimato. Não vim para cá faturar o sucesso de São Paulo ou do Rio. Fiquei cinco anos sem ninguém saber que eu estava aqui e o que eu era. Aqui só tenho amizades entre as pessoas do povo. Essa é a minha trajetória. Se eu não abrir mão de poder, não consigo fazer esse trajeto em direção à simplicidade. Os postos de poder sempre te afastam da maioria das pessoas, porque a maioria das pessoas não está no poder. Então, fui abrindo mão de postos que me davam poder. Isso não tem nada a ver com carreira teatral, isso tem a ver com uma postura minha perante a vida.

Ainda assim, quem está de fora vê que, por ser diferente, por ser artista, por pertencer a outra

Com a filha Nina Braga Nunes, em sua casa em Florianópolis

classe social, ele ainda tem poder sobre essas pessoas amigas do povo. As pessoas se colocam em suas mãos, confiam, contam-lhe histórias. Para um diretor de teatro, isso é muito bom, porque os atores lhe trazem espontaneamente elementos que podem municiar sua posição de diretor e levá-lo a obter o melhor de uma interpretação. E essa confiança é também um elemento facilitador em outra de suas atividades, a que ele exerce com prioridade no presente: a de rolfista.

O Rolfing® (um processo de reestruturação corporal que leva o nome de sua idealizadora, Ida Rolf) entrou na sua vida como parte do processo de autoconhecimento. De certa forma, o contato com a obra de Wilhelm Reich, o trabalho prático com Grotówski, o estudo de algumas teorias de Peter Brook tinham preparado o terreno onde iria germinar seu interesse por terapias corporais.

O início do processo foi há muitos anos, precisamente em 1988. Era uma festa de aniversário da atriz Cristiane Torloni em São Paulo. Como quase sempre acontece nas reuniões sociais, cujo clima não favorece o que ele chama de *verdadeira presença*, ele demonstrava uma alegria que no fundo não sentia completamente. Ainda estava muito machucado pelos lutos recentes. Foi então que Cristiane lhe apontou um homem: *Está vendo aquele cara ali? É um verdadeiro bruxo.* E lhe contou que naquele dia, ao vir do Rio de Janeiro, perdera a voz por causa do ar condicionado do avião e quase não conseguira fazer o espetáculo. Foi então que a produtora a levara até aquele homem, que, em 40 minutos, a fizera recuperar a voz.

Celso se interessou por conhecer seu método de trabalho. Afinal, era muito comum os atores terem problemas vocais antes da estréia. Quem sabe poderia aprender com ele uma forma de ajudar seus atores? Aproximou-se do desconhecido, que disse chamar-se José Carlos Mollica e trabalhar com bioenergia. Celso lhe falou de seu interesse pela obra de Reich e de seu desejo de conhecer o seu trabalho. Mollica lhe deu um telefone. Durante cerca de um ano, não conseguiram se encontrar. Até que, finalmente, Mollica o convidou a ir a seu apartamento para uma conversa.

Assim que chegou, Mollica lhe perguntou:

– *Você acredita em coincidências?*

– *Acho que é uma maneira de explicar uma sincronia entre fatos* – ele respondeu.

O terapeuta pediu licença e saiu da sala. Demorou alguns minutos, durante os quais Celso imaginou estar sendo observado. Sabendo que ele trabalhava com terapia corporal, achou que deveria ter alguma maneira de observar os pacientes. Talvez houvesse um falso espelho, ou um microfone oculto num lustre. Era uma situação muito desconfortável para ele, que estava acostumado à posição de observador. Pouco depois, Mollica voltou, trazendo um rolo de papel amarrado com uma fitinha.

– *Você sabe o que é isso?*

Celso olhou aquele rolo de papel amarelado pelo tempo e sentiu que aquela imagem estava escondida em algum canto da memória. O terapeuta lhe estendeu o rolo, que ele pegou com as pontas dos dedos para evitar a poeira que o cobria. Ao desatar o pequeno laço, sentiu um tremor incrível. Era um cartaz do espetáculo *Escuta Zé*, baseado na obra de Reich, que Celso dirigira onze anos antes. Ao ver aquele cartaz, Celso sentiu desaparecer por completo o desconforto que sentira enquanto esperava e foi invadido por um sentimento de irmandade, de gratidão.

– *Incrível você ainda ter isto!*

– *Acho que você está aqui para receber de volta algo que esse espetáculo me deu há onze anos.*

Então, explicou que a peça mudara o curso de sua vida. Era um empresário e nada dava certo nos negócios. Suas várias tentativas de sociedade tinham terminado com uma sensação de perda e de ter sido enganado. Vendo a peça, percebeu o erro em que vivia, que não tinha nascido para ser um empresário e que, como tal, o prazer não ocupava um espaço significativo em sua vida. No momento em que abriu espaço para o prazer em sua vida, mudou completamente e, conseqüentemente, tudo mudou. Sem formação acadêmica, era um autodidata, que utilizava várias práticas e teorias para ajudar as pessoas.

Para Celso foi incrível avaliar o alcance de um espetáculo. Um trabalho seu tinha gerado uma mudança no destino de alguém. Por isso, até hoje tem por Mollica uma enorme gratidão, embora ele seja uma figura controversa no mundo terapêutico.

Fizeram um plano de trabalho para oito encontros, uma vez por semana, durante dois meses, mas o processo correu tão bem que acabou estendendo-se por quase um ano.

Foram sessões extraordinárias, iluminadas... encontros incríveis com o mito materno, com o mito paterno..., revelações inacreditáveis. Minha percepção se alterava. Sem nenhum esforço, adquiri uma forma de olhar e ver através das coisas. O trânsito parecia ter tirado a roupa. Eu olhava para um ônibus e não via mais a imagem que conhecia; via o que compunha o ônibus. Todas aquelas pessoas lidando com aquele emaranhado de engrenagens e conduzindo tudo aquilo pelos labirintos da cidade. Eu enxergava o absurdo da situação e me via no meio de tudo aquilo. Eu estava abismado com o processo: aos poucos, a tristeza foi cedendo lugar à tranqüilidade, à confiança.

Após aqueles meses, Mollica resolveu parar o tratamento. Disse que já havia chegado a um bom termo. Como Celso demonstrou desejo de aprender a praticar, foi aconselhado a procurar alguém mais credenciado ao ensino. Se quisesse aprender mais sobre processos corporais, devia procurar um rolfista.

Celso ouviu a palavra e a arquivou em algum canto do cérebro. Não procurou ninguém imediatamente. Estava sentindo-se muito bem, voltou a aceitar convites para dirigir. Durante o período de luto, perdera até a oportunidade de realizar um sonho: dirigir um longa-metragem.

Meses depois, na abertura da Bienal de São Paulo, num coquetel oferecido pelo Consulado Americano, outra amiga, Jane (sempre as mulheres, que, como anjos, o pegam pela mão e lhe indicam um caminho), o puxou pelo braço:

– *Quero te apresentar um bruxo.* – Ele lembrou de ter ouvido aquela frase dois anos antes de Cristiane. – *Este é o Pedro. Ele é rolfista.*

– *Que incrível, alguém me aconselhou a procurar um rolfista. Queria aprender alguma coisa sobre trabalhos corporais com a bioenergia e me disseram que os rolfistas ensinam.*

Pedro Prado explicou que havia uma Associação Brasileira de Rolfing® e que lá eram oferecidos cursos. Ficou com o telefone do Celso para procurá-lo e não lhe deu o seu. De novo, foram meses sem contato. Até que um dia uma secretária da associação ligou convidando-o para fazer um curso na condição de modelo, ou seja, ele passaria pelas sessões de Rolfing® como parte do treinamento dos alunos. O curso seria ministrado durante duas semanas numa fazenda aos arredores de Atibaia. Celso precisou consultar o Departamento de Teatro da Unicamp, porque o convite alteraria sua rotina de aulas. Acertados os detalhes, ele partiu para a fazenda, e assim, *de bruxo em bruxo*, como ele diz, acabou mergulhando no Rolfing®.

Os cursos eram oferecidos em inglês, mas, como Celso falava francês, foi designado a servir de modelo para uma francesa. Mais uma vez, ele passou por uma experiência extraordinária. Na nona sessão, já no processo de fechamento do trabalho, estava sentado num banquinho, o tronco curvado para a frente, os olhos semicerrados, enquanto a terapeuta francesa trabalhava em suas costas. Ele percebeu que dois outros rolfistas se aproximaram para ajudar no trabalho, até que, num determinado momento da execução, sentiu desprender-se do corpo. Não tinha mais peso. A posição com o tronco tombado para a frente já não o incomodava mais. Foi uma sensação de puro prazer, de pura luz. Mais tarde, com seus estudos de Rolfing®, ele entendeu que tinha entrado em harmonia com a gravidade.

Era um fenômeno físico. Não tinha nada de místico. No momento em que consegui esse equilíbrio com a gravidade, senti uma leveza enorme. Minha percepção entrou numa zona branca de luz. Eu ria sem parar, pelo puro prazer do que estava sentindo. Mas, à medida que isso acontecia, eu mantinha a lucidez sobre o que acontecia na sala. Percebia que estava dentro de um processo, e que esse processo era importante para todos, não só para mim. Eu estava alerta, mas num estado alterado de consciência, num estado de exaltação perceptiva. Eu estava em dois planos, não só no plano onde as coisas aconteciam, mas também num segundo plano que só pertencia a mim, porque só eu o experimentava. Foi uma revelação inacreditável. Acho que esse estado é semelhante a certos momentos do ator, quando está dentro do universo do personagem, mas, ao mesmo tempo, em contato com a platéia. Ele está sempre em dois estados de ser, mas isso não cria nenhuma divisão, nenhuma dicotomia, nenhuma esquizofrenia. Ao contrário, cria uma enorme união. Eu percebi isso e senti que estava diante de uma missão. Eu tinha que aprender e ensinar esse caminho para quem quiser chegar a ele. Não que eu me julgue ume escolhido, nada disso. Qualquer pessoa pode chegar. Depende de trabalho pessoal, depende de concentração, depende principalmente de querer.

E foi assim que Celso percorreu todos os estágios do aprendizado do Rolfing®, iniciados em 1989 e concluídos em 1996, com o certificado de praticante. Apesar de anos de formação, ele explica que no Rolfing® a formação é contínua e não se esgota com a obtenção de determinado grau. Para ele, é um trabalho que vale muito a pena e cujo resultado não é quantitativo, mas qualitativo, e no qual o *feedback* o alimenta durante muito tempo. É diferente do teatro, no qual a quantidade pesa bastante e a falta de público é devastadora numa temporada.

No Rolfing®, o resultado obtido por uma única pessoa já significa muito e traz muito prazer. Mas, de certa forma, tem certas afinidades com a natureza atávica do teatro.

Celso acredita que trabalhar com alguém em Rolfing® é muito parecido com um encontro com um ator. Lembrando que a paisagem puxa o personagem, procura trabalhar com a pessoa para que ela perceba a sua paisagem, seja uma paisagem de solidão, uma paisagem de muito medo, uma paisagem de excesso de trabalho e estresse. Preparar um ator para viver um personagem de Shakespeare no contexto desconhecido do período elizabetano não é muito diferente de trabalhar com uma moça que, embora seja médica, por exemplo, ainda não percebeu que a perna dói porque ela está caminhando por uma estrada dura desde os nove anos de idade, quando o pai a abandonou. *Isso é maravilhoso, e não depende de bilheteria. É um exercício parecido com o teatro e que, ao mesmo tempo, nos leva a outro tipo de felicidade, que é a possibilidade de ajudar alguém a se curar, física e mentalmente.*

Esse processo que contém em si a possibilidade da cura tem sido objeto de suas reflexões e talvez venha a ser tema de uma investigação acadêmica visando à livre docência. Mas isso será num próximo momento.

Capítulo XXII

O Futuro Contido no Presente

Hoje, em suas ações, em suas palavras, incorporam-se pontos de vista de quem trabalha com teatro e com Rolfing®, de quem olha o mar todos os dias, de quem vive numa ilha, de quem, enfim, tem mais de 60 anos de idade e uma experiência de vida relativa a tudo o que foi e é. Essa fusão na verdade ele já conhece há anos, embora de outra maneira:

Nunca fui do tipo que consegue separar as coisas: isso foi o diretor quem disse, isso fui eu. O eu era eu/diretor também. Quando eu dizia algo, era evidente que no que dizia estava incorporado o fato de eu também ser diretor teatral.

Agora que a temporada de *Molly Sweeny* se encerrou, Celso já se envolveu em outros projetos. Fez a direção de elenco de um longa-metragem catarinense que deverá estrear no início de 2008. É um filme de Zeca Pires, com roteiro de Tânia Lamarca e Sandra Nibelung. que trata do universo *bruxólico* de que nos fala Franklin Cascaes (1908-1983), reconhecido internacionalmente como folclorista comprometido com as raízes da cultura catarinense. Sua vida confunde-se com a história das comunidades da Ilha.

Eterno professor, sempre que convidado ministra cursos, palestras, oficinas em instituições culturais, festivais de teatro, universidades.

Ainda teatro?

Sempre. Vivo olhando os atores e pensando: Ele/ela faria bem tal papel! Às vezes, quando gosto muito da peça, tomo a liberdade de enviá-la a eles/elas.

No dia-a-dia, vive integrado na comunidade dos *manezinhos da ilha*. Tem dançado muita vanera. Toda semana vai a um bailão. E está fazendo um viveiro de mudas de árvores, que espalha pela ilha.

E como aprendiz, o que está aprendendo nesses últimos tempos?

Este ano, vai a Buenos Aires aprender a dançar tango, vai a Sydney ou São Francisco fazer um curso intensivo de inglês, para poder seguir um curso avançado de Rolfing ® que acontecerá no interior do Estado de São Paulo em 2008...[1] e sabe mais o que será.

E aprende a ser avô de Tomás. Uma coisinha linda que é filho de Nina, um verdadeiro russinho brasileiro. Ele conta que, depois do nascimento

---

[1] *No ano de 2008, Celso realmente completou os estágios finais de sua formação como rolfista e obteve os títulos de Certified Advanced Rolfer e Rolfing Movement Teacher.*

do Tomás, a admiração que sempre teve pela filha aumentou.

Ela vem se transformando numa mãe impecável, amorosa, delicada. Mesmo vivendo longe dela, sinto que ela é minha companheira, sempre. Beni, meu genro, tem sido um pai igualmente amoroso com o Tomás, e os três vêm esboçando um belo design familiar.O melhor de ser avô é o quanto nos sentimos atraídos pela energia do bebê, pela graça inata à sua presença, pelo deslumbramento com que ele descobre e quer tocar as coisas mais triviais de nosso mundo.

Sobre o poder de atração que o recém-nascido exerce sobre os adultos, ele lembra os estudos de Jung e Kerenyi sobre a natureza humana, fundamentados até mesmo em descobertas arqueológicas:

Eles nos revelam que, muito antes de surgir o ícone da Sagrada Família (na qual o Menino tem um papel preponderante), até entre os gregos, criancinhas sempre são carregadas por ninfas, por golfinhos, transportadas em carros de ouro, adormecidas em dosséis de sonhos. É uma forma de exercício de poder que a criança tem. Quanto mais nova, mais poderosa, porque recém-chegada do ainda indevassável universo da Criação. Sob esse aspecto, ter um neto bebê é como lidar com um mito, ainda mais porque não é o avô quem troca as fraldas [2] *!!!!* Quando perguntado sobre sua vida pessoal, ele não hesita: *Independência ou morte!*

Florianópolis, Santa Catarina, 2007. Esse é o seu momento ao qual ele chegou conduzido por diversos anjos que lhe mostraram a possibilidade de conhecimento e mirando-se em diversos espelhos colocados à sua frente para que ele descobrisse novas facetas de si. Agora, juntam as pontas de todos os fios que ele foi tecendo e deixando pelo caminho: integram-se nele o mestre e o aluno, o diretor e o terapeuta, o gregário e o solitário.

E, quando tudo parece amarrado, ele mesmo descobre uma ponta nova, de um fio que é possível seguir. *Estou no limiar de me tornar um navegador*, ele me conta, naquele tom de criança que está prestes a desvendar o funcionamento de um brinquedo novo. O mar está ali, cercando-o por todos os lados, chamando-o, e é um chamamento que ele quer atender. Aprender sobre as marés, os ventos, as cartas náuticas; sentir a flutuação, a leveza; extasiar-se diante da magnitude e da beleza do mar – ele está iniciando um aprendizado que lhe permitirá desatar mais uma amarra, mais um vínculo, viver cada dia mais livre e solto.

---

[2] *No dia 12 de outubro de 2008, a família aumentou com a chegada de Gabriela, mais um bebê que, se depender do avô, vai ficar com as fraldas molhadas, embora muito amada.*

Celso Nunes

É um espaço onde ele quer entrar. Não para ir longe, mas para se sentir flutuando, numa nova relação com a força da gravidade, estar mais ente os elementos líquido e gasoso do que sobre o solo, onde viveu esses 60 e tantos anos. *Se fosse possível, quem sabe um dia eu chegasse a voar.*

Como todo mundo garante que a alma voa, acho que nesse último aprendizado ele não vai precisar de curso, porque a alma já está sabendo.

Relação de seus Trabalhos de Direção

Teatro

1964
• *A Mais Feliz das Mulheres,* de Arthur Adamov. Com Aracy Souza, Zanoni Ferrite, Francisco Solano. Escola de Arte Dramática de São Paulo.

• *O Manuscrito,* de Moisés Baunstein. Luiz Carlos Arutin e Aracy Souza. Escola de Arte Dramática de São Paulo.

1965
• *O Novo Inquilino,* de Eugène Ionesco. Com Zanoni Ferrite, Sônia Guedes, Dionísio Amadi, Alberto Guzik. Escola de Arte Dramática de São Paulo.

1966
• *Auto da Barca do Inferno*, de Gil Vicente. Com as alunas do Colégio Notre Dame du Sion. São Paulo.

• *A Falecida*, de Nelson Rodrigues. Com o Teffi – Teatro Escola da Faculdade de Filosofia de Santos. Santos, SP.

1967
• *El Látigo de Papel (Le fouet de papier)*, de Ramón Lameda. Com os alunos do estágio

internacional de formação teatral. Université Internationale de Théâtre. Paris, França.

1968
• *O Canto do Fantoche Lusitano*, de Peter Weiss. Com Regina Braga, Didier Besace e alunos da Université Internationale de Théâtre. Théâtre de la Cité, Paris, França.

1970
• *Um, Dois, Três de Oliveira Quatro*, de Lafayette Galvão. Com Francisco Martins, Lafayette Galvão e Luiz Carlos Arutin. Teatro Areninha, São Paulo.

• *O Albergue*, criação coletiva do Teatro Casarão. São Paulo.

• *A Longa Noite de Cristal*, de Oduvaldo Vianna Filho. Com Beatriz Segall, Fernando Torres, Renato Consorte, Lafayette Galvão, Sylvio Zilber, Jonas Mello, Abraão Farc, Zanoni Ferrite, Jandira Martini, Regina Braga e Almir Leite. Teatro Studio São Pedro.

• *As Bacantes*, de Eurípedes. Com Carlos Alberto Soffredini, Eliana Rocha, Eugênia de Domenico, Cristina Pereira, Isadora de Faria, Walter Franco, Walter Cruz, Vicente de Lucca, Sônia Samaya, Mariângela Alves de Lima e outros alunos da

Escola de Arte Dramática e da Escola de Comunicações e Artes da USP. São Paulo.

1971

• *O Interrogatório*, de Peter Weiss. Com Renato Consorte, Lafayette Galvão, Sylvio Zilber, Jonas Mello, Abraão Farc, Zanoni Ferrite, Jandira Martini, Regina Braga e Almir Leite. Teatro Studio São Pedro, São Paulo, 1970. E também com Fernando Torres, Fernanda Montenegro e outros. Teatro Gláucio Gil, Rio de Janeiro.

• *A Guerra do Cansa-Cavalo*, de Osman Lins. Com Cláudio Corrêa e Castro, Antonio Petrin, Sônia Guedes, Luís Parreiras, Sílvia Borges e mais trinta atores.Teatro Municipal de Santo André, São Paulo.

• *O Preço da Revolta no Mercado Negro*, de Dimítri Dimitriadis. Com os alunos da Escola de Arte Dramática da ECA-USP. São Paulo.

• *E se a Gente Ganhar a Guerra?,* de Mário Prata. Com Yolanda Cardoso, Paulo Goulart, Regina Braga, Sylvio Zilber e João Acaiabe. Teatro Aliança Francesa, São Paulo.

1972

• *A Viagem*, adaptação de *Os Lusíadas* de Camões feita por Carlos Queiroz Telles. Com Ênio

E Se a Gente Ganhar a Guerra?: ao fundo, João Batista Caiado; 1º plano: Silvio Zilber, Yolanda Cardoso, Paulo Goulart e Regina Braga (nas fotos, Miriam Muniz)

Gonçalves, Luiz Serra, Eudósia Acuña, Walter Santos, Ney Matogrosso, Vicente Tuttoilmondo e outros. Teatro Ruth Escobar, São Paulo.

• *Mais Quero Asno que me Carregue que Cavalo que me Derrube*, de Carlos Alberto Soffredini. Com Selma Egrei, Maria Vasco, Zecarlos de Andrade, Leide Câmara e outros alunos da Escola de Arte Dramática da ECA-USP. São Paulo.

1973

• *Encontro no Bar*, de Bráulio Pedroso. Com Camila Amado, Zanoni Ferrite, Otávio Augusto. Teatro Gláucio Gil, Rio de Janeiro.

• *Seria Cômico se Não Fosse Sério*, de Friedrich Dürenmatt. Com Fernanda Montenegro, Fernando Torres e Mauro Mendonça (depois Sylvio Zilver e Zanoni Ferrite). Teatro Maison de France, Rio de Janeiro.

• *Os Construtores do Império*, de Boris Vian. Com o Grupo Teatro Macário, formado por Luiz Roberto Galízia, Tácito Rocha, Stela Freitas, Sônia Samaya e Anton Chaves. Teatro Municipal de Ouro Preto, MG/Teatro da Bienal de São Paulo.

• *As Religiosas*, de Eduardo Manet. Com o Grupo Teatro Macário. Sala Galpão, Teatro Ruth Escobar, São Paulo.

1974

• *Coriolano*, de William Shakespeare. Com Paulo Autran, Henriette Morineau, Luiz Serra, Jorge Chaia, Hélio Ary, Antonio Petrin, Lourival Pariz, Regina Braga, Chico Martins, Walter Cruz, Chico Martins, Márcio de Luca e outros. Teatro Municipal de São Paulo.

• *Knock ou o Triunfo da Medicina,* Jules Romains. Com Paulo Autran, Dirce Migliaccio, Laura Suarez e Célia Biar. Teatro da Praça, Rio de Janeiro.

• *Victor ou As Crianças no Poder*, de Roger Vitrac. Com Paulo Betti, Eliane Giardini, Márcio Tadeu, Meliza Martins e outros alunos da Escola de Arte Dramática da ECA-USP, São Paulo.

1976
• *Equus*, de Peter Shaffer. Com Paulo Autran, Ewerton de Castro, Regina Braga, Sônia Guedes e outros. Teatro Maria della Costa, São Paulo, 1975. Com Rogério Fróes, Ricardo Blat e outros. Teatro BNH, Rio de Janeiro.

• *Os Iks,* de Peter Brook e Collin Turnbull. Com o Pessoal do Victor, formado por Isa Kopelman, Iacov Hillel, Waterloo Gregório, Reinaldo Santiago, Marcília Rosário, Márcio Tadeu, Paulo Betti, Eliane Giardini e outros atores. Teatro Oficina, São Paulo, 1976. Remontado em Fortaleza, no Colégio de Direção Teatral, com mais de trinta atores e seis co-diretores.

1977
• *O Processo*, a partir de texto de Peter Weiss sobre a da obra homônima de Franz Kafka. Com o Pessoal do Victor. Teatro Oficina, São Paulo.

• *Computa, Computador, Computa*, de Millôr Fernandes. Com Cláudio Corrêa e Castro, Selma Egrei, Luís Carlos de Moraes. Teatro Municipal de Manaus, 1977 e excursão.

1978
• *A Vida É Sonho*, de Calderón de la Barca. Com o Pessoal do Victor. Teatro do Centro de Convivência de Campinas, São Paulo.

1980
• *A Patética*, de João Ribeiro Chaves Neto. Com Ewerton de Castro, Lílian Lemmertz, Abraão Farc, Regina Braga e Vicente Tuttoilmondo. Teatro Augusta, São Paulo.

1981
• *Presença de Vinícius*, compilação de textos do poeta Vinícius de Morais. Com Renato Borghi, Othon Bastos e a cantora Rosa Maria. Teatro Maria della Costa, São Paulo.

• *Divina Decadência*, de Waterloo Gregório da Silva. Com Helen Helene, João Bourbonnais, Sônia Samaya. Espaço Govinda, São Paulo.

1982
• *As Lágrimas Amargas de Petra von Kant,* de Rainer Werner Fassbinder. com Fernanda Montenegro, Renata Sorrah, Juliana Carneiro da Silva,

A Divina Decadência de Waterloo Gregório: equipe e elenco

Rosita Tomás Lopes e Joyce de Oliveira (depois Cristiane Torloni e Marina Helou)). Teatro dos Quatro, Rio de Janeiro.

• *Ganhar ou Ganhar*, de D. L. Coburn. Com Antonio Petrin e Sônia Guedes. Teatro Paiol, São Paulo.

1983
• *Rei Lear*, de William Shakespeare. Com Sérgio Brito, Yara Amaral, Ariclê Perez, Fernanda Torres, Ney Latorraca, José Mayer, Paulo Goulart, Ari Fontoura, Roberto Frota, José de Freitas, Luis Otávio Burnier e outros. Teatro Clara Nunes, Rio de Janeiro.

1984

• *Pra Lá de Marrakesch*, de Christopher Durang. Com Sônia Samaya, Jandira Martini, Francarlos Reis, Seme Lufti e Eurico Martins. Teatro Maksoud Plaza, São Paulo.

1985

• *Grande e Pequeno*, de Botho Strauss. Com Renata Sorrah, Paulo Villaça, Selma Egrei, José de Abreu, Ada Chaseliov, Abraão Farc, Catalina Bonaki, Joyce de Oliveira, Roberto Lopes e Telmo Faria. Teatro Nelson Rodrigues, Rio de Janeiro.

1986

• *Ninguém Paga, Ninguém Paga!*, de Dario Fo. Com Flávio Galvão, Arlete Salles, Clarice Derzié, Edgar Gurgel Aranha. Teatro Clara Nunes, Rio de Janeiro.

1988

• *Pegando Fogo... lá Fora*, de Gianfranceco Guarnieri. Com Gianfranceco Guarnieri, Miriam Muniz, Célia Helena e Pietro Maranca. Teatro Cultura Artística, São Paulo.

1989

• *A Vida de Galileu*, de Bertolt Brecht. Com Paulo Autran, Rosana Stavis, Ires Daguia, Emílio Pitta,

Pegando Fogo... Lá Fora de Guarnieri: toda a equipe com elenco ao centro: Pietro Maranca, Célia Helena, Guanieri e Miriam Muniz

Mário Schoemberger, Marly Gottschefsky, Álvaro Bittencourt, Cristiane de Macedo, Biasi Jr., Enéas Lour, Fernando Klug, Florival Gomes, Ivete Bozaski, João Paulo Leão, Inês Becker, Laerte Ratier, Marco Antonio Antunes, Moacyr David, Onivaldo Dutra, Paulo Motta, Regina Vogue e Talita Horn.Teatro Guaíra, Curitiba.

1992
• *A Vida É uma Ópera*, de Jandira Martini. Com Eliana Rocha, Jandira Martini e Eugênia De Domenico. Teatro João Caetano, São Paulo.

1995
• *Batom*, de Walcyr Carrasco. Com Luís Gustavo, Fúlvio Stefanini, Elaine Cristina e Ana Paula Arósio. Teatro Imprensa, São Paulo.

2000
• *Honra*, de Joanna Murray-Smith. Com Regina Duarte, Marcos Caruso, Carolina Ferraz e Gabriela Duarte. Teatro Cultura Artística, São Paulo.

• *K2, Dois Homens, uma Montanha,* de Patrick Meyers, com Gabriel Braga Nunes e Petrônio Gontijo (depois Emílio de Melo). Teatro Banco do Brasil, Brasília/Teatro Sesc Anchieta, SP/Teatro Sesi, RJ.

K2 – Dois Homens, uma Montanha

Honra de *Joanna Murrey-Smith*: Regina Duarte e Marcos Caruso

2005-2006
• *Molly Sweeny – Um Rastro de Luz*, de Brian Friel, com Júlia Lammertz, Ednei Giovenazzi e Orã Figueiredo. Fundação Banco do Brasil. Brasília, São Paulo, Rio de Janeiro

Teatro-dança

1977
• *Escuta Zé*, roteiro de Marilena Ansaldi inspirado na obra de Wilhelm Reich. Com Marilena Ansaldi, Rodrigo Santiago, Tales Pan Chacon, João Maurício, Zenaide Silva e Bernadete Figueiredo. Teatro Ruth Escobar, São Paulo.

1979
• *Fundo de Olho*, roteiro de Marilena Ansaldi. Com Marilena Ansaldi, Paulo Herculano, Augusto Rocha e outros. Teatro Aplicado, São Paulo.

Ópera

1972
• *Il Pagliaccio*, de Leoncavallo. Teatro Municipal de São Paulo.

• *Il Segretto di Suzana*, de Wolf-Ferrari. Teatro Municipal de São Paulo.

1973
Il Matrimonio Secreto, de Cimarosa. Teatro Municipal de São Paulo.

1983
• *Os Sete Pecados Capitais da Pequena Burguesia*, de Bertolt Brecht e Kurt Weill. Teatro Municipal de São Paulo.

Televisão

1979
• Diretor de elenco da telenovela *Como Salvar meu Casamento.* TV Tupi, São Paulo.

• Diretor de elenco do programa semanal *O Grupo.* TV Tupi, São Paulo.

Prêmios de direção

1970
• APCT – Associação Paulista de Críticos de Teatro, São Paulo

• Prêmio Molière, São Paulo

1972
• Prêmio Governador do Estado, São Paulo

1975
• APCA – Associação Paulista de Críticos de Arte, São Paulo

1980
- Prêmio Mambembe, Rio de Janeiro

- Prêmio Molière, São Paulo

1982
- Prêmio Molière, Rio de Janeiro

1985
- Prêmio Molière, Rio de Janeiro

Índice

Apresentação – José Serra	5
Coleção Aplauso – Hubert Alquéres	7
Introdução – Eliana Rocha	11
Território Livre da Lapa	15
De Parafusos e Sputnik	27
De Paisagens e Sonhos	35
Esse Sou Eu!	43
Teatro é Duro	49
Europa, França e... Grotówski	61
Paris e o Maio de 1968	75
1970: Um Ano Muito Especial	81
Anos de Chumbo	99
As Crianças no Poder	105
O Libelo contra a Repressão	111
Do Tamanho da Nossa Dor	117
De Camões a Shakespeare	123
Psicanálise Involuntária	131
A Comédia (ou Tragédia?) do Casamento Burguês	139
Benditas Lágrimas	145
Um Sentido para a Vida	153
A Reflexão com Brecht	159
O Mestre e Seus Mestres	167
Com os Olhos da Alma	179

De Espelhos e Mudanças	185
O Futuro Contido no Presente	205
Relação de seus Trabalhos de Direção	211

Crédito das Fotografias

Ana Maria / Milton Ferraz 214

Guga Melgar 176, 177

Gustavo Härtel 162,165

Petrônio 155

Rita Santilli / Inacen 129

Sérgio Bernardo 140, 143

Sérgio Souza 209

Silvio Pozatto 222

Studio Fox 20

Valdir Silva 116, 120, 121

A presente obra conta com diversas fotos, grande parte de autoria identificada e, desta forma, devidamente creditada. Contudo, a despeito dos enormes esforços de pesquisa empreendidos, uma parte das fotografias ora disponibilizadas não é de autoria conhecida de seus organizadores, fazendo parte do acervo pessoal do biografado. Qualquer informação neste sentido será bem-vinda, por meio de contato com a editora desta obra (livros@imprensaoficial.com.br/ Grande São Paulo SAC 11 5013 5108 | 5109 / Demais localidades 0800 0123 401), para que a autoria das fotografias porventura identificadas seja devidamente creditada.

Coleção Aplauso

Série Cinema Brasil

Alain Fresnot – Um Cineasta sem Alma
Alain Fresnot

O Ano em Que Meus Pais Saíram de Férias
Roteiro de Cláudio Galperin, Bráulio Mantovani, Anna Muyla-ert e Cao Hamburger

Anselmo Duarte – O Homem da Palma de Ouro
Luiz Carlos Merten

Ary Fernandes – Sua Fascinante História
Antônio Leão da Silva Neto

Batismo de Sangue
Roteiro de Helvécio Ratton e Dani Patarra

Bens Confiscados
Roteiro comentado pelos seus autores Daniel Chaia e Carlos Reichenbach

Braz Chediak – Fragmentos de uma vida
Sérgio Rodrigo Reis

Cabra-Cega
Roteiro de Di Moretti, comentado por Toni Venturi e Ricardo Kauffman

O Caçador de Diamantes
Roteiro de Vittorio Capellaro, comentado por Máximo Barro

Carlos Coimbra – Um Homem Raro
Luiz Carlos Merten

Carlos Reichenbach – O Cinema Como Razão de Viver
Marcelo Lyra

A Cartomante
Roteiro comentado por seu autor Wagner de Assis

Casa de Meninas
Romance original e roteiro de Inácio Araújo

O Caso dos Irmãos Naves
Roteiro de Jean-Claude Bernardet e Luis Sérgio Person

O Céu de Suely
Roteiro de Mauricio Zacharias, Karim Aïnouz e Felipe Bragança

Chega de Saudade
Roteiro de Luiz Bolognesi

Cidade dos Homens
Roteiro de Paulo Morelli e Elena Soárez

Como Fazer um Filme de Amor
Roteiro escrito e comentado por Luiz Moura e José Roberto Torero

Críticas de Edmar Pereira – Razão e Sensibilidade
Org. Luiz Carlos Merten

Críticas de Jairo Ferreira – Críticas de Invenção: Os Anos do São Paulo Shimbun
Org. Alessandro Gamo

Críticas de Luiz Geraldo de Miranda Leão – Analisando Cinema: Críticas de LG
Org. Aurora Miranda Leão

Críticas de Rubem Biáfora – A Coragem de Ser
Org. Carlos M. Motta e José Júlio Spiewak

De Passagem
Roteiro de Cláudio Yosida e Direção de Ricardo Elias

Desmundo
Roteiro de Alain Fresnot, Anna Muylaert e Sabina Anzuategui

Djalma Limongi Batista – Livre Pensador
Marcel Nadale

Dogma Feijoada: O Cinema Negro Brasileiro
Jeferson De

Dois Córregos
Roteiro de Carlos Reichenbach

A Dona da História
Roteiro de João Falcão, João Emanuel Carneiro e Daniel Filho

Os 12 Trabalhos
Roteiro de Claudio Yosida e Ricardo Elias

Estômago
Roteiro de Lusa Silvestre, Marcos Jorge e Cláudia da Natividade

Fernando Meirelles – Biografia Prematura
Maria do Rosário Caetano

Fim da Linha
Roteiro de Gustavo Steinberg e Guilherme Werneck; Storyboard de Fabio Moon e Gabriel Bá

Fome de Bola – Cinema e Futebol no Brasil
Luiz Zanin Oricchio

Guilherme de Almeida Prado – Um Cineasta Cinéfilo
Luiz Zanin Oricchio

Helvécio Ratton – O Cinema Além das Montanhas
Pablo Villaça

O Homem que Virou Suco
Roteiro de João Batista de Andrade, organização de Ariane Abdallah e Newton Cannito

João Batista de Andrade – Alguma Solidão e Muitas Histórias
Maria do Rosário Caetano

Jorge Bodanzky – O Homem com a Câmera
Carlos Alberto Mattos

José Carlos Burle – Drama na Chanchada
Máximo Barro

Liberdade de Imprensa – O Cinema de Intervenção
Renata Fortes e João Batista de Andrade

Luiz Carlos Lacerda – Prazer & Cinema
Alfredo Sternheim

Maurice Capovilla – A Imagem Crítica
Carlos Alberto Mattos

Não por Acaso
Roteiro de Philippe Barcinski, Fabiana Werneck Barcinski e
Eugênio Puppo

Narradores de Javé
Roteiro de Eliane Caffé e Luís Alberto de Abreu

Onde Andará Dulce Veiga
Roteiro de Guilherme de Almeida Prado

Pedro Jorge de Castro – O Calor da Tela
Rogério Menezes

Quanto Vale ou É por Quilo
Roteiro de Eduardo Benaim, Newton Cannito e Sergio Bianchi

Ricardo Pinto e Silva – Rir ou Chorar
Rodrigo Capella

Rodolfo Nanni – Um Realizador Persistente
Neusa Barbosa

O Signo da Cidade
Roteiro de Bruna Lombardi

Ugo Giorgetti – O Sonho Intacto
Rosane Pavam

Viva-Voz
Roteiro de Márcio Alemão

Zuzu Angel
Roteiro de Marcos Bernstein e Sergio Rezende

Série Crônicas
Crônicas de Maria Lúcia Dahl – O Quebra-cabeças
Maria Lúcia Dahl

Série Cinema
Bastidores – Um Outro Lado do Cinema
Elaine Guerini

Série Ciência & Tecnologia
Cinema Digital – Um Novo Começo?
Luiz Gonzaga Assis de Luca

Série Dança
Rodrigo Pederneiras e o Grupo Corpo – Dança Universal
Sérgio Rodrigo Reis

Série Teatro Brasil
Alcides Nogueira – Alma de Cetim
Tuna Dwek

Antenor Pimenta – Circo e Poesia
Danielle Pimenta

Cia de Teatro Os Satyros – Um Palco Visceral
Alberto Guzik

Críticas de Clóvis Garcia – A Crítica Como Ofício
Org. Carmelinda Guimarães

Críticas de Maria Lucia Candeias – Duas Tábuas e Uma Paixão
Org. José Simões de Almeida Júnior

João Bethencourt – O Locatário da Comédia
Rodrigo Murat

Leilah Assumpção – A Consciência da Mulher
Eliana Pace

Luís Alberto de Abreu – Até a Última Sílaba
Adélia Nicolete

Maurice Vaneau – Artista Múltiplo
Leila Corrêa

Renata Palottini – Cumprimenta e Pede Passagem
Rita Ribeiro Guimarães

Teatro Brasileiro de Comédia – Eu Vivi o TBC
Nydia Licia

O Teatro de Alcides Nogueira – Trilogia: Ópera Joyce – Gertrude Stein, Alice Toklas & Pablo Picasso – Pólvora e Poesia
Alcides Nogueira

O Teatro de Ivam Cabral – Quatro textos para um teatro veloz: Faz de Conta que tem Sol lá Fora – Os Cantos de Maldoror – De Profundis – A Herança do Teatro
Ivam Cabral

O Teatro de Noemi Marinho: Fulaninha e Dona Coisa, Homeless, Cor de Chá, Plantonista Vilma
Noemi Marinho

Teatro de Revista em São Paulo – De Pernas para o Ar
Neyde Veneziano

O Teatro de Samir Yazbek: A Entrevista – O Fingidor – A Terra Prometida
Samir Yazbek

Teresa Aguiar e o Grupo Rotunda – Quatro Décadas em Cena
Ariane Porto

Série Perfil

Aracy Balabanian – Nunca Fui Anjo
Tania Carvalho

Ary Fontoura – Entre Rios e Janeiros
Rogério Menezes

Bete Mendes – O Cão e a Rosa
Rogério Menezes

Betty Faria – Rebelde por Natureza
Tania Carvalho

Carla Camurati – Luz Natural
Carlos Alberto Mattos

Cleyde Yaconis – Dama Discreta
Vilmar Ledesma

David Cardoso – Persistência e Paixão
Alfredo Sternheim

Denise Del Vecchio – Memórias da Lua
Tuna Dwek

Emiliano Queiroz – Na Sobremesa da Vida
Maria Leticia

Etty Fraser – Virada Pra Lua
Vilmar Ledesma

Gianfrancesco Guarnieri – Um Grito Solto no Ar
Sérgio Roveri

Glauco Mirko Laurelli – Um Artesão do Cinema
Maria Angela de Jesus

Ilka Soares – A Bela da Tela
Wagner de Assis

Irene Ravache – Caçadora de Emoções
Tania Carvalho

Irene Stefania – Arte e Psicoterapia
Germano Pereira

John Herbert – Um Gentleman no Palco e na Vida
Neusa Barbosa

José Dumont – Do Cordel às Telas
Klecius Henrique

Leonardo Villar – Garra e Paixão
Nydia Licia

Lília Cabral – Descobrindo Lília Cabral
Analu Ribeiro

Marcos Caruso – Um Obstinado
Eliana Rocha

Maria Adelaide Amaral – A Emoção Libertária
Tuna Dwek

Marisa Prado – A Estrela, o Mistério
Luiz Carlos Lisboa

Miriam Mehler – Sensibilidade e Paixão
Vilmar Ledesma

Nicette Bruno e Paulo Goulart – Tudo em Família
Elaine Guerrini

Niza de Castro Tank – Niza, Apesar das Outras
Sara Lopes

Paulo Betti – Na Carreira de um Sonhador
Teté Ribeiro

Paulo José – Memórias Substantivas
Tania Carvalho

Pedro Paulo Rangel – O Samba e o Fado
Tania Carvalho

Reginaldo Faria – O Solo de Um Inquieto
Wagner de Assis

Renata Fronzi – Chorar de Rir
Wagner de Assis

Renato Borghi – Borghi em Revista
Élcio Nogueira Seixas

Renato Consorte – Contestador por Índole
Eliana Pace

Rolando Boldrin – Palco Brasil
Ieda de Abreu

Rosamaria Murtinho – Simples Magia
Tania Carvalho

Rubens de Falco – Um Internacional Ator Brasileiro
Nydia Licia

Ruth de Souza – Estrela Negra
Maria Ângela de Jesus

Sérgio Hingst – Um Ator de Cinema
Máximo Barro

Sérgio Viotti – O Cavalheiro das Artes
Nilu Lebert

Silvio de Abreu – Um Homem de Sorte
Vilmar Ledesma

Sonia Maria Dorce – A Queridinha do meu Bairro
Sonia Maria Dorce Armonia

Sonia Oiticica – Uma Atriz Rodrigueana?
Maria Thereza Vargas

Suely Franco – A Alegria de Representar
Alfredo Sternheim

Tatiana Belinky – ... E Quem Quiser Que Conte Outra
Sérgio Roveri

Tony Ramos – No Tempo da Delicadeza
Tania Carvalho

Vera Holtz – O Gosto da Vera
Analu Ribeiro

Walderez de Barros – Voz e Silêncios
Rogério Menezes

Zezé Motta – Muito Prazer
Rodrigo Murat

Especial

Agildo Ribeiro – O Capitão do Riso
Wagner de Assis

Beatriz Segall – Além das Aparências
Nilu Lebert

Carlos Zara – Paixão em Quatro Atos
Tania Carvalho

Cinema da Boca – Dicionário de Diretores
Alfredo Sternheim

Dina Sfat – Retratos de uma Guerreira
Antonio Gilberto

Eva Todor – O Teatro de Minha Vida
Maria Angela de Jesus

Eva Wilma – Arte e Vida
Edla van Steen

Gloria in Excelsior – Ascensão, Apogeu e Queda do Maior Sucesso da Televisão Brasileira
Álvaro Moya

Lembranças de Hollywood
Dulce Damasceno de Britto, organizado por Alfredo Sternheim

Maria Della Costa – Seu Teatro, Sua Vida
Warde Marx

Ney Latorraca – Uma Celebração
Tania Carvalho

Raul Cortez – Sem Medo de se Expor
Nydia Licia

Rede Manchete – Aconteceu, Virou História
Elmo Francfort

Sérgio Cardoso – Imagens de Sua Arte
Nydia Licia

TV Tupi – Uma Linda História de Amor
Vida Alves

Victor Berbara – O Homem das Mil Faces
Tania Carvalho

Formato: 12 x 18 cm

Tipologia: Frutiger

Papel miolo: Offset LD 90 g/m²

Papel capa: Triplex 250 g/m²

Número de páginas: 244

Editoração, CTP, impressão e acabamento:
Imprensa Oficial do Estado de São Paulo

Coleção Aplauso Série Perfil

Coordenador Geral	Rubens Ewald Filho
Coordenador Operacional e Pesquisa Iconográfica	Marcelo Pestana
Projeto Gráfico	Carlos Cirne
Editor Assistente	Felipe Goulart
Assistente	Edson Silvério Lemos
Editoração	Selma Brisolla
Tratamento de Imagens	José Carlos da Silva
Revisão	José Vieira de Aquino

© **imprensaoficial** 2008

Dados Internacionais de Catalogação na Publicação
Biblioteca da Imprensa Oficial do Estado de São Paulo

Rocha, Eliana
   Celso Nunes : sem amarras / Eliana Rocha – São Paulo :
Imprensa Oficial do Estado de São Paulo, 2008.
   244p. : il. – (Coleção aplauso. Série perfil / coordenador
geral Rubens Ewald Filho)

   ISBN 978-85-7060-657-0

   1. Dramaturgos brasileiros 2. Teatro brasileiro 3. Teatro – História e Crítica 4. Nunes, Celso, 1941 – Biografia
I. Ewald Filho, Rubens. II.Título. III. Série.

CDD 792.092 81

Índices para catálogo sistemático:
1. Brasil : Teatro : Biografia 792.092 811

Foi feito o depósito legal na Biblioteca Nacional
(Lei nº 10.994, de 14/12/2004)
Direitos reservados e protegidos pela lei 9610/98

Imprensa Oficial do Estado de São Paulo
Rua da Mooca, 1921   Mooca
03103-902   São Paulo   SP
www.imprensaoficial.com.br/livraria
livros@imprensaoficial.com.br
Grande São Paulo SAC 11 5013 5108 l 5109
Demais localidades 0800 0123 401

Coleção *Aplauso* | em todas as livrarias e no site
www.imprensaoficial.com.br/livraria

editoração, ctp, impressão e acabamento

imprensaoficial

Rua da Mooca, 1921 São Paulo SP
Fones: 2799-9800 - 0800 0123401
www.imprensaoficial.com.br